Il vend

Proprietà letteraria riservata
Copyright © 2016 Arricchisciti.com
Tutti i diritti riservati

Sito Web: arricchisciti.com
Email: info@arricchisciti.com

Prima edizione: 2016

ISBN: 9781520835396

FRANCISCO PACIFICO

IL VENDITORE VALOROSO

ARRICCHISCITI.COM

La felicità è un profumo che non puoi versare sugli altri senza ritrovarti con qualche goccia addosso.

OG MANDINO

Al venditore valoroso che è in te

IL VENDITORE VALOROSO

Prefazione

Il venditore valoroso nasce a seguito di una serie di conoscenze che ho avuto modo di acquisire praticamente, attraverso l'esercizio delle mie attività imprenditoriali, nonché teoricamente, attraverso un accurato studio della filosofia del successo personale, da cui sono stati estrapolati i principi per ottenere tutto ciò che si desidera dalla vita.

Il libro, quindi, rappresenta un'armoniosa trattazione in cui si susseguono preziosi consigli, spunti di riflessione, indicazioni ed insegnamenti, indispensabili per risvegliare il venditore valoroso che è in te (il concetto di vendita va interpretato come metafora di vita per realizzare se stessi).

Inoltre, attraverso la saggezza filosofica che affiora pagina dopo pagina, comprenderai qual è l'atteggiamento migliore da mantenere in ogni situazione, affinché il successo possa essere effettivamente raggiunto.

I principi che emergono da questo libro sono il frutto anche di un'attenta osservazione dei comportamenti e del modo di pensare delle persone di successo che, sebbene appartenenti a settori e contesti diversi, sono tutte quante accomunate dalla stessa filosofia, che risulta, pertanto, universale. Inoltre tutti gli uomini di successo dimostrano di assimilare tali principi, affinché diventino un'abitudine di vita e ne denotino in maniera distintiva i tratti della personalità.

Il venditore valoroso è un'opera "trasversale", la cui lettura è consigliata a tutti coloro che cercano una fonte d'ispirazione e un supporto motivazionale nel percorso per il raggiungimento del successo personale, indipendentemente dall'ambito in cui si desidera eccellere.

Leggendo questo savio ed illuminante libro, avrai la grande opportunità di acquisire un patrimonio di saggezza dal valore inestimabile, che spero sarai in grado di utilizzare in maniera virtuosa e fruttuosa, al fine di realizzare il tuo Scopo esistenziale e raggiungere la felicità.

Non importa quello che sei oggi. Chiunque può cambiare la propria vita, iniziando una nuova vita.

Francisco Pacifico

Il Venditore Valoroso

PROLOGO

Ogni primavera giungeva in città un ricco mercante. Era considerato il più grande mercante del mondo e la sua tenda era la più bella tra le tutte: leggiadramente accarezzata dal vento, che spargeva qua e là profumi e spezie, decorazioni e fiori. La brezza primaverile non poteva incontrare sonagli più soavi di quelli appesi sui bordi dei parasole e la gente accorreva, rapita dal richiamo della meraviglia. Si narrava, infatti, che il mercante conoscesse il mondo intero e che ogni anno portasse con sé qualcosa di meraviglioso in rappresentanza dei posti visitati e delle peripezie che aveva dovuto affrontare tra deserti, valli, ardue vette e ripide discese. Le delizie del mondo erano rappresentate tutte quante nella sua tenda. Ed è così che egli porgeva agli altri un po' di India, un po' di Cina, un po' di America. Un po' di mondo. Intorno alla sua tenda regnava sempre un'attività frenetica: persone che entravano e uscivano, ovunque gruppetti in attesa di entrare. Capitava anche che qualcuno aspettasse due ore prima di poter essere ricevuto.

Gli affari andavano benissimo e, oltre alle grandi ricchezze materiali che il mercante riusciva ad accumulare, si rallegrava per riuscire sempre a soddisfare i desideri delle persone. Non gli capitava mai, infatti, che qualcuno si rivolgesse a lui e tornasse poi a casa senza ciò che desiderava. A volte il mercante posse-

Copyright © 2016 Arricchisciti.com - Tutti i diritti riservati

IL VENDITORE VALOROSO

deva esattamente ciò che le persone desideravano, altre volte, invece, grazie al suo eloquio brillante e persuasivo, riusciva a convincere gli altri che ciò che aveva era ciò che effettivamente stavano cercando. Sovente la sua mercanzia si contraddistingueva per una storia che incantava. Sapeva che alla gente non interessava comprare soltanto degli oggetti. Molti desideravano una storia che li rendesse felici. E allora gli capitava di possedere un arazzo in seta che era appartenuto a un imperatore cinese, un'opera d'arte magistralmente dipinta da un grande artista o un libro la cui carta era invecchiata di secoli. E così la gente tornava a casa contenta, portando con sé qualcosa che poteva farla sognare.

Un giorno, tra la folla che si accalcava intorno alla sua tenda, comparve un ragazzo. Era stato mandato lì dal padre ad apprendere il segreto del più grande mercante di sempre. Fece molta strada per giungere in quel meraviglioso luogo e attese ore prima che arrivasse il suo turno per essere ricevuto. L'incontro si rivelò magico per il giovane apprendista, che da quel momento in poi intraprese un nuovo cammino di crescita. Non aveva più alcuna importanza ciò che era stato fino ad allora, perché c'era una nuova vita ad attenderlo e un destino da compiersi: eccellere in ogni contesto della vita, attraverso la realizzazione di uno scopo, il suo Scopo. È così che nacque il venditore valoroso.

Copyright © 2016 arricchisciti.com - Tutti i diritti riservati

IL VENDITORE VALOROSO

Chiunque consideri la propria e l'altrui vita come priva di significato è non soltanto infelice ma appena degno di vivere.

ALBERT EINSTEIN

Copyright © 2016 Arricchisciti.com - Tutti i diritti riservati

LA MOTIVAZIONE: IL POTERE DELL'AGIRE ADESSO E IL MIRACOLO DELL'ENTUSIASMO

Il venditore valoroso conosce l'importanza della motivazione, quale espressione di una forza straordinaria capace di moltiplicare notevolmente le sue probabilità di successo e, quindi, il suo valore. La motivazione, infatti, è ciò che può fare la differenza tra il successo e l'insuccesso nella vita di chiunque. Ancor prima della preparazione, dell'abilità e dell'esperienza, la motivazione rappresenta un potere invisibile, spesso irrefrenabile e prorompente, indispensabile per elevarsi.

Il venditore valoroso, quando percorre la sua strada, sospinto dalla forza della motivazione, non ha paura di fallire. L'altezza delle mete a cui ambisce non gli incute alcun timore. Si convince che è forte e che avrà successo, in un sublime e vincente momento di automotivazione. Nulla può fermarlo. Nulla può intimorirlo nell'arena competitiva, dal momento che crede fortemente in se stesso. A parità di condizioni e potenzialità, è sicuro di riuscire ad ottenere risultati molto più gratificanti rispetto a quei venditori che, schiacciati dal fardello della demotivazione, sono inevitabilmente destinati a fallire.

La motivazione, dunque, è formata da un insieme di fattori interni all'animo del venditore valoroso, un insieme di forze e di fenomeni che concorrono in

Copyright © 2016 Arricchisciti.com – Tutti i diritti riservati

maniera decisiva a indirizzare le sue azioni e i suoi comportamenti, affinché procurino il successo sperato, partendo da un atteggiamento mentale positivo.

I fattori che concorrono all'atteggiamento mentale positivo nel venditore valoroso sono due: l'agire adesso e l'entusiasmo.

L'agire adesso è l'impulso che ha il venditore valoroso di agire subito, senza dover aspettare domani. Ed è una necessità che nasce nel profondo del suo animo, in cui arde la virtuosa fiamma che spinge all'azione. Oltre a essere una necessità, per il venditore valoroso l'agire adesso è un dovere. Egli, infatti, è ben conscio che non può rimandare, che la procrastinazione è uno dei più grandi mali dell'umanità, che porta le persone a sprofondare negli abissi del fallimento e della mediocrità. Paura ed esitazione non gli appartengono, avendo un cuore coraggioso. E l'ozio è suo nemico, perché uccide il tempo. D'altronde sa bene che tutte le conquiste dell'umanità, che prendono il nome di "progresso", derivano dalla produttività. Il venditore valoroso non può aspettare domani, perché il domani è inafferrabile e inconsistente, così come sono inconsistenti i suoi sogni, le sue ambizioni e le sue aspettative. Sono come stelle nel buio della notte. Possono guidarlo e ispirarlo, sebbene non gli appartengano materialmente nel presente. Il venditore valoroso fa dell'agire nel presente l'unico, e pertanto preziosissimo, strumento a sua disposizione per raggiungere le vette del successo e per arrivare a toccare le stelle, che brillano così lontane da sembrare irraggiungibili, ma che un giorno saranno conquistate. L'unico strumento concreto in suo possesso è l'agire adesso, in quanto ha imparato ad affrontare le sfide del momento. Egli non ha mai creduto a quei saggi che dicevano: «Devi saper aspettare». Se vivesse in eterno, sicuramente il tempo gli insegnerebbe qualsiasi cosa, ma egli non possiede il lusso dell'eternità. Il venditore valoroso non sa rimandare le sue azioni, in quanto conosce soltanto un momento giusto per fare le cose e quel momento è adesso. Se indugiasse, aspettando il momento ideale, non raggiungerebbe mai il successo. Ha il potere di scegliere il suo destino e, quindi, non aspetta mai che siano gli eventi ad accadere, piuttosto preferisce attivarsi per far accadere le cose, usando un pizzico di follia, perché in guerra, così come in amore, non è possibile prevedere tutto.

Il venditore valoroso non è ingenuo e non commette mai l'errore di credere che il successo sia immediatamente raggiungibile. Sa che anche la vendita, così come ogni altra iniziativa nella vita, non può sfuggire alle inesorabili leggi della natura, in base alle quali ogni traguardo richiede il suo tempo. Un olivo per prosperare richiede cent'anni. Ma sa che, per quanto sia lungo il percorso, ogni successo è la somma di tante piccole azioni, costantemente compiute, giorno dopo giorno, derivanti dalle abitudini positive. Senza l'azione di oggi, mai nessun successo, grande o piccolo che sia, potrà essere raggiunto domani. Ecco perché l'oggi è una leva importantissima

Copyright © 2016 Arricchisciti.com - Tutti i diritti riservati

da sfruttare e, dal momento che la clessidra del tempo non restituisce mai i giorni andati, andrebbe "spremuto" il più possibile.

Il venditore valoroso conosce il trucco per riuscire ad agire adesso: cercare di vivere ogni giorno come se fosse l'ultimo. Sciupando il tempo, butterebbe via la sua vita. E non intende assolutamente sprecare neanche un "goccia" di vita né perdere tempo ed energie a lamentarsi per gli insuccessi di ieri. Non può, infatti, tornare indietro nel tempo, non può essere di nuovo giovane o rivivere le situazioni passate per correggere i suoi errori. No, non può nulla di tutto questo. Ieri è sepolto per sempre. Ma anche il futuro è inconsistente. Perché dovrebbe trascurare l'oggi, ciò che è, a favore di domani, ciò che può essere? Possono i problemi di domani tormentarlo oggi? Può la felicità di domani accendere il suo cuore oggi? Possono i successi futuri manifestarsi nel presente? No, nulla di questo è possibile. Allora egli dimentica ieri e non pensa al domani. E si gode al massimo tutto ciò che possiede: il presente, che è la sua eternità, dal valore inestimabile. Compie tutti i suoi doveri oggi, sia lavorativi che affettivi, offrendo se stesso al sacrificio della vita e cercando di eccellere. Domani potrebbe essere tutto inutile. Se oggi dovesse davvero essere il suo ultimo giorno, sarebbe il suo miglior giorno, il suo trionfo più grande! E se non fosse l'ultimo, accoglierà con immensa gioia la nuova alba e leverà le braccia al cielo, ringraziando per aver ricevuto l'immenso dono di un nuovo giorno. A volte,

però, crede di non meritarsi cotanta benedizione, perché conosce l'infelicità altrui, la solitudine, le frustrazioni, i fallimenti che accompagnano molti uomini e pensa che forse le ore di oggi siano un premio immeritato. In quei momenti si domanda: «Perché mi è stata concessa l'opportunità di vivere ancora questo giorno, mentre altri, migliori di me, se ne sono andati?». Allora riflette e si convince che la sua esistenza deve per forza prevedere uno Scopo da realizzare e che il tempo a sua disposizione non è altro che una preziosa occasione per diventare la persona che desidera essere. Una nuova vita lo attende e un giorno consegnerà tutto, offrendo i suoi successi a chi ha sempre amato. Così vince la colpa e smette di farsi domande inutili.

I colleghi del venditore valoroso commentano: «Com'è fortunato!». Il venditore valoroso, infatti, ottiene assai in più di quanto la sua preparazione meriti. Ma la sua unica fortuna è essere motivato. I successi che ottiene non sono mai il frutto della fortuna o del caso. Sono il frutto di come egli pensa e agisce. Un venditore potrebbe avere tutta la cultura di questo mondo, aver studiato presso le più prestigiose università e aver seguito i migliori seminari sulla vendita, ma fallirà, sicuro come l'oro, se si porterà dietro un atteggiamento mentale negativo. Il venditore valoroso, invece, ha sempre un atteggiamento mentale positivo, che influenza i suoi pensieri e il suo modo di esprimerli, con il linguaggio della parola e del corpo, e ne affina la capacità persuasiva.

Copyright © 2016 Arricchisciti.com - Tutti i diritti riservati

IL VENDITORE VALOROSO

Il venditore valoroso non è mai preda nell'arena competitiva, bensì sempre predatore, affamato e combattivo. Quando un leone ha fame, agisce subito, procurandosi del cibo. Se non agisse, perirebbe, motivo per il quale non esita né tanto meno pondera. Le battaglie, infatti, sovente arridono al più forte e al più veloce. E così fa il venditore valoroso: affronta coraggiosamente i suoi clienti, bussa alle porte chiuse e non ha paura del diniego, a differenza del venditore fallito che, timoroso e prudente, tende a rinunciare o a rimandare. Il venditore valoroso si spinge su tutti i terreni, anche su quelli più scoscesi. Ed è proprio grazie alla sua audacia che vince. Contrariamente ai falliti, non pensa mai: «Questa visita è inutile». Conosce le leggi della statistica e sa come volgerle a suo favore, evitando assolutamente di autoimporsi dei limiti. Crede, infatti, che le occasioni di successo possano celarsi in ogni dove e in ogni quando e, pertanto, si addentra laddove molti altri hanno avuto paura di camminare. Non lascia mai che degli ostacoli immaginari prevalgano sui di lui. La sua immaginazione è volta a pensieri positivi e ottimistici, egregiamente sostenuti da una visione della vita in cui gli ostacoli esistono soltanto per essere superati. Egli dà il benvenuto anche alle difficoltà, poiché sono la sua sfida, la cui ricompensa, giusta e preziosa, sarà una maggiore fiducia in se stesso. Il venditore valoroso governa i suoi pensieri ed è per questo che è padrone del suo destino, capitano della sua anima.

Copyright © 2016 arricchisciti.com - Tutti i diritti riservati

IL VENDITORE VALOROSO

Quando il venditore valoroso inizia una nuova giornata di lavoro, ha una sola luce che lo abbaglia ed è quella dell'entusiasmo. Si tratta del motore invisibile che accende il suo animo, spingendolo all'azione e favorendone l'atteggiamento mentale positivo. È ciò che gli dà speranza, coraggio e fiducia in se stesso. Egli sa bene che senza entusiasmo non si è mai compiuto nulla di grande. L'entusiasmo, infatti, stimola l'iniziativa, sia nel pensiero che nell'azione, allontanando la fatica e la pigrizia. E quello che sembra un uomo pigro non è altro che un uomo privo di una motivazione capace di accenderne l'entusiasmo. Il venditore valoroso usa l'energia travolgente dell'entusiasmo per combattere paure, dubbi e incertezze, e creare tutt'attorno un clima più favorevole e positivo. Grazie all'entusiasmo, riesce a parlare con maggiore convinzione e ad animare i suoi interlocutori, coinvolgendoli facilmente nei suoi discorsi. Quando parla, trasmette passione e questa infervora gli animi, penetrando nella personalità di tutti coloro che lo ascoltano. L'entusiasmo è davvero contagioso! Talvolta egli appare anche più preparato di quello che realmente è, riuscendo ad esercitare una grande influenza sui clienti che, rapiti dalla sua foga e irradiati dal suo atteggiamento mentale positivo, gli prestano massima attenzione senza mai interromperlo. Anche un'argomentazione debole o banale potrebbe diventare avvincente o interessante, se sostenuta con entusiasmo; mentre una fredda eloquenza non basterebbe per vendere alcunché. I

Copyright © 2016 Arricchisciti.com - Tutti i diritti riservati

colleghi del venditore valoroso si domandano: «Ma come fa ad essere sempre così entusiasta?». Il venditore valoroso conosce il segreto per rinnovare l'entusiasmo. Una tecnica tanto semplice, quanto magica, alla portata di chiunque: per essere entusiasti, bisogna agire con entusiasmo.

Il venditore valoroso si sforza sempre di essere entusiasta e, grazie a questo, lo diventa per davvero. È il suo miracolo. E si rinnova ogni giorno.

Il Venditore Valoroso

Non aspettare; non sarà mai il tempo opportuno. Inizia ovunque ti trovi, con qualsiasi mezzo tu puoi avere a tua disposizione; mezzi migliori li troverai lungo il cammino.

Napoleon Hill

IL VENDITORE VALOROSO

I DESIDERI ARDENTI E LA DEFINIZIONE DELLO SCOPO

Il venditore valoroso desidera in un modo diverso rispetto a molti altri uomini, in quanto i suoi non sono mai desideri "normali". La sua è un'autentica ossessione. Ed è per questo che riesce ad eccellere, essendo disposto a qualunque sacrificio per raggiungere lo scopo per cui lavora e vive, il suo Scopo.

Il venditore valoroso desidera ardentemente raggiungere il suo Scopo, talmente tanto che ne è prigioniero. E nessun'altra "schiavitù" potrebbe essere più benevola e miracolosa.

Il venditore valoroso conosce bene la differenza tra una mera aspirazione e un desiderio intenso, che assume i contorni di una vera e propria ossessione. Non c'è persona che non voglia felicità, denaro, fama, apprezzamento o una qualunque altra forma di "abbondanza"; ma la maggior parte della gente non va oltre la fase della semplice aspirazione, dal momento che è totalmente priva di un progetto fondamentale. Il venditore valoroso, invece, sa esattamente cosa vuole e ha un destino che deve essere compiuto. È deciso e non può fermarsi all'aspirazione, ma è sempre spinto a intensificarla, fino a farla diventare un desiderio ossessivo, che gli brucia dentro giorno e notte.

Il venditore valoroso è consapevole che per realizzare il suo Scopo ha bisogno di un piano efficace e

Copyright © 2016 arricchisciti.com - Tutti i diritti riservati

IL VENDITORE VALOROSO

di uno sforzo continuativo. Non si limita a bramare, ma, a differenza dei falliti, trasforma i suoi progetti in realtà, grazie a una strategia ben definita.

Il venditore valoroso è convinto che nulla possa prendere il posto di un obiettivo ambizioso. Quando, grazie alla chiarezza d'intenti, si concentra su un obiettivo definito, i poteri dell'universo danno l'impressione di schierarsi dalla sua parte.

Il venditore valoroso è un vincente, perché ritiene di poter vincere. La fede, infatti, abbatte ogni limite. Ama il successo ed è sicuro che ce la farà ad ottenerlo. Non pensa mai: «Forse voglio troppo». L'idea dell'insuccesso non gli appartiene, perché non gli piace e si rifiuta di accettarla. Nel suo vocabolario non esistono parole come impossibile, fallimento, improbabile, ritirata, rinuncia; perché queste sono le parole dei perdenti. Ogni ostacolo non è altro che una momentanea deviazione dalla meta. Sente dentro di lui la certezza che ce la farà ad avere successo, ancor prima di combattere la guerra, perché crede nell'efficacia della sua strategia. A differenza dei falliti, che hanno già dato battaglia, ancor prima di cercare la vittoria.

Il venditore valoroso, ossessionato dal suo Scopo, persiste in continuazione, dal momento che conosce il valore della perseveranza, ed è assolutamente convinto che i suoi sacrifici un giorno saranno ricompensati. Crede che il rischio più grande nella vita sia quello di non rischiare nulla. Chi non rischia nulla, non fa nulla, non è nulla e non avrà nulla. Conti-

Copyright © 2016 Arricchisciti.com - Tutti i diritti riservati

nuando a provare e ad attaccare, avrà successo. La perseveranza d'altronde è sempre favorevole. Esattamente come il fiume che vince a confronto della roccia proprio grazie alla sua perseveranza, il venditore valoroso persevera, cosicché nessuna forza possa opporgli resistenza. Egli, però, non commette mai l'errore di confondere la perseveranza con l'insistenza. Sa bene che ci sono sfide che potrebbero prolungarsi oltre il necessario, facendogli esaurire le forze e smorzandogli l'entusiasmo. Riflette e ricorda le seguenti sagge parole: «Una guerra che si prolunga finisce per distruggere anche il vincitore». Così decide di cambiare terreno di battaglia, ponendo fine alla sua insistenza, ma continuando fortemente a perseverare nella volontà, fino a trovare il cliente migliore per una nuova vendita.

Durante il cammino verso il successo, il venditore valoroso riceve anche dei colpi inaspettati. E capisce che perderà, inevitabilmente, qualche battaglia. Nessuno vince sempre. Quando ciò accade e la disperazione lo pervade, inizialmente pensa che niente riuscirà a risvegliare l'emozione dell'entusiasmo. Gli altri commentano: «Forse la sua lotta è terminata». Sentendo ciò, il venditore valoroso prova dolore e confusione, perché non è riuscito ancora ad arrivare al successo sperato. Ma è tenace e non abbandona ciò che ha iniziato. Allora ritorna immediatamente a lottare per il suo Scopo, perché più tempo sarà preda dello sconforto e più si allontaneranno i suoi sogni. Quando un cavaliere cade da cavallo e non risale in

groppa nel volgere di un minuto, non avrà mai più il coraggio di montare.

Il venditore valoroso sa perdere e non minimizza mai le sconfitte con frasi del tipo: «In fondo, non era poi così importante» oppure «Non era quello che veramente volevo». Accetta la sconfitta momentanea e continua deciso per la sua strada, lavorando sodo per dimostrare il suo valore, perché sa che dove finisce l'arido deserto cresce l'erba verde. Lascia volentieri ai perdenti la rassegnazione e non spreca le sue energie per lagnarsi. Le parole, infatti, non servirebbero a niente. Non si avvilisce mai con elucubrazioni mentali del tipo: «Odio perdere e non riesco a sopportarlo». Preferisce resistere e perseverare. Il tempo tornerà a lavorare a suo favore. I premi si trovano sempre alla fine del cammino e mai all'inizio o durante. E non gli è dato sapere quanto tempo occorrerà per raggiungere la meta desiderata. Non è la singola battaglia che gli interessa; l'importante è vincere la guerra per la conquista del suo Scopo.

Il venditore valoroso fa sempre qualcosa fuori dal comune. Gli piace eccellere e non può essere come tutti gli altri. Deve distinguersi. Può mettere per iscritto una descrizione dettagliata del suo Scopo e leggerla ad alta voce, ripetendo ciò che desidera, più e più volte al giorno, fino a farla diventare un'abitudine. Il venditore valoroso si può permette simili cose e non teme il giudizio della gente, in quanto è pronto a difendere un'idea, anche se appare ridicola o folle alla massa. Può anche decidere di

Copyright © 2016 Arricchisciti.com - Tutti i diritti riservati

IL VENDITORE VALOROSO

non mostrarsi agli altri durante tale "rito", standosene in disparte, dal momento che sa usare la solitudine per restare da solo quando è necessario.

Ripetendo le frasi che descrivono il suo Scopo, e immaginando e sentendo di aver già ottenuto quanto desiderato, il venditore valoroso riesce a far diventare le parole così proferite parte della mente attiva, ma soprattutto riesce a farle assimilare al subconscio, ossia quella parte più misteriosa della sua mente, in cui i pensieri costituiscono una forza "magnetica" che attira altri pensieri, positivi e affini. La semplice lettura non basterebbe, se il venditore valoroso non arricchisse le parole di fede, emozione e sentimento, autosuggestionandosi. Non basterebbe se non parlasse al suo cuore. D'altronde egli non crede nel fato e sa che l'uomo è responsabile del proprio destino, potendo diventare padrone di sé e dell'ambiente che lo circonda, proprio grazie alla capacità di condizionare il subconscio attraverso la mente attiva.

Il venditore valoroso sa che il successo nasce come immagine mentale, chiara e concisa, di ciò che si desidera. Del resto la mente è l'unica cosa sulla quale egli ha il completo controllo. E poiché ha la certezza che il suo pensiero può modificare la vita, la sua vita comincia a cambiare. Attraverso il subconscio, che recepisce tale immagine positiva di cambiamento, alimentata dal desiderio ossessivo, ogni impresa, per quanto eccezionale sia, diventa possibile. Il subconscio costruisce, infatti, un ponte tra l'immagine e il suo equivalente fisico, dal quale il venditore valoroso è automaticamente attratto.

Quando questa fatale attrazione prende il sopravvento, il venditore valoroso trova un'incredibile vitalità, mai conosciuta fino a quel momento. Una misteriosa forza, capace di spazzare via paura e procrastinazione e di donare felicità, lo pervade, grazie al divampare dell'entusiasmo. La continua reiterazione del desiderio ossessivo e della relativa strategia attuativa, crea in lui un'abitudine di pensiero positiva, attraverso la quale ogni azione diventa più facile e piacevole. Un desiderio profondo e ardente, infatti, se reiterato, viene assorbito dal subconscio e messo in atto molto più rapidamente di un desiderio "normale". Il subconscio rimane indifferente ai normali desideri, preoccupandosi anzitutto dei pensieri che sono diventati abituali e dominanti.

Il venditore valoroso ama le sue abitudini positive ed è per questo che le segue con estrema devozione e fedeltà.

Il venditore valoroso

Quando desideri una cosa, tutto l'Universo trama affinché tu possa realizzarla.

Paulo Coelho

IL VENDITORE VALOROSO

L'INESORABILE LEGGE NATURALE DEL PRINCIPIO DI CAUSA ED EFFETTO: DARE PER AVERE

Il venditore valoroso è convinto che ciò che si trova nell'effetto era già nella causa. È la natura a imporre questa legge, tanto giusta quanto inevitabile. Nessuno può sfuggire al principio di causa ed effetto, indipendentemente dall'iniziativa intrapresa. Egli è consapevole che per raggiungere il suo Scopo deve necessariamente offrire in cambio un servizio utile, di valore equivalente a ciò che desidera. La mancata comprensione di questo principio porta molte persone all'insoddisfazione perenne. Chi, infatti, crede erroneamente di poter ottenere qualcosa in cambio di nulla o di un servizio dal valore inferiore rispetto a ciò che offre, è destinato alla mediocrità.

Il venditore valoroso sa, dunque, che esiste un legame indissolubile e una connessione precisa tra dare e avere. Sa che deve essere in grado di offrire una causa per la realizzazione del suo Scopo; una causa che si manifesti negli sforzi quotidiani, nei piani attuativi, nella passione, nel desiderio, nella costanza e nell'atteggiamento mentale positivo. Egli dà sempre il meglio di sé, ed è per questo che dalla vita si attende il meglio.

Il venditore valoroso ha successo perché è disposto ad assumersi enormi responsabilità e a fornire un servizio molto esteso, a differenza della gran parte

Copyright © 2016 Arricchisciti.com - Tutti i diritti riservati

dell'umanità, che va incontro all'insuccesso e al fallimento, proprio perché non si assume le stesse incombenze.

Il venditore valoroso può fissare la soglia del suo successo, praticamente senza alcun limite, perché nessuno può impedirgli di desiderare e di fissarsi un valore. Soltanto lui può farlo, scegliendo la qualità e la quantità del servizio da offrire, oltre all'atteggiamento mentale con cui affrontare il cammino. Acquisendo consapevolmente tale verità, si rende conto che non esiste alcuna ingiustizia nella differenza tra i suoi traguardi, meritatamente raggiunti, e i fallimenti di molti altri venditori. Attraverso la legge di compensazione, alla quale tutti devono necessariamente sottostare, è possibile stabilire il proprio rapporto con la vita, inclusi i successi.

Il venditore valoroso è convinto che i falliti siano tali perché decidono di accontentarsi delle mete raggiunte, senza ambire a migliori conquiste, a causa soprattutto dei limiti mentali autoimposti e della loro inerzia. Non fanno nulla di utile per costringere il mondo a ripagarli del servizio offerto. Si limitano a fare quello che hanno sempre fatto ed è per questa ragione che rimarranno dei perdenti.

Il venditore valoroso non si fa mai sopraffare da pensieri del tipo: «Non ci sono le opportunità e, quindi, non ce la farò». Non dà mai la colpa alla mancanza di opportunità per giustificare le sue sconfitte, a differenza dei mediocri che, vinti dalla pigrizia e senza alcuna ambizione, utilizzano tale alibi per giustificare la propria indisponibilità ad assumersi delle incombenze e a usare la mente per creare nuove occasioni. È assolutamente convinto che non esistano uomini nati sotto una cattiva stella; semmai ci sono uomini che guardano male il cielo. E il cielo delle opportunità è infinito.

Il venditore valoroso ha una grande visione e, di conseguenza, il mondo delle grandi opportunità è a sua disposizione. Esse, infatti, risiedono nella sua lungimiranza, nella sua determinazione, nella sua iniziativa, nella sua conoscenza. Ma soprattutto nella consapevolezza dei suoi pregi e nella valorizzazione delle sue qualità. Sa che il potere dell'aquila si basa su una vista acutissima e che il leone non teme la gazzella, perché consapevole della sua forza. Allora il venditore valoroso cerca di capire su cosa poter contare e affina il suo "equipaggiamento" con ciò che di meglio possiede, che si nasconde nel cuore. E siccome il suo cuore vede cose che sono invisibili agli occhi, il venditore valoroso vede opportunità anche dove gli altri non vedono nulla.

Il venditore valoroso è saggio e conosce il segreto per il successo. Non pensa mai: «Mi sono capitate delle occasioni favorevoli, come sono fortunato». Non crede alla casualità, perché conosce la fonte delle sue fortune. E tutte le occasioni favorevoli, di cui si è avvantaggiato, se l'è create da solo, grazie alla sua iniziativa. Sa bene che se vuole di più, deve rendere un servizio maggiore di quello che ha reso fino a quel momento. Per sfamare le sue smisurate ambizioni, deve acquisire la migliore tra le abitudini possibili: quella di dare qualcosa in più. Soltanto così può orientare armoniosamente il suo destino verso la vittoria e osteggiare l'avidità, che spinge gli uomini a cercare di ottenere qualcosa in cambio di nulla.

Il venditore valoroso è consapevole che quando decide di dare qualcosa in più non sempre la vita lo ripaga subito. A volte non riceve niente. Ma non demorde e continua lo stesso ad applicare tale regola, utilizzando tutti i mezzi possibili. Prima o poi, infatti, sarà premiato. Egli sceglie liberamente di acquisire tale abitudine, perché sa che la mente è la chiave del successo e ne riconosce il potere. La mente, tendendo all'infinito, non ha limiti, se non quelli autoimposti. Combinando tale facoltà con un atteggiamento mentale positivo, con la fede, con una grande visione e con l'intelligenza a rendersi disponibile a dare qualcosa in più, il venditore valoroso può ottenere tutto ciò che desidera dalla vita. Egli è libero ed è per questo che ha successo. È padrone della sua mente, delle sue emozioni e delle sue azioni. Ma soprattutto è padrone del suo destino, perché nessuno può vincolarlo. Se si limitasse ad eseguire dei compiti assegnatogli da qualcun altro e a lavorare soltanto a degli orari prestabiliti, si garantirebbe a stento i meri mezzi di sostenimento. Sovente, invece, il venditore valoroso fa dei sacrifici, cerca di fare più visite di quante ne abbia mai fatte prima e, a fine di ogni giornata, indipendentemente dai successi o dai fallimenti conseguiti e senza preoccuparsi dell'orario, si sforza di

fare ancora una vendita, senza crogiolarsi per le vittorie o disperarsi per le sconfitte. Deve sempre dare qualcosa in più, giorno dopo giorno, riuscendo così ad autopromuoversi per raggiungere l'eccellenza. Per il venditore valoroso le giornate di lavoro iniziano presto, solitamente all'alba, in quanto non ama indugiare tra le coltri. E finiscono tardi. Non cerca mai il modo di accorciare le sue giornate lavorative, semmai fa di tutto per allungarle. Si getta sul lavoro con lo stesso entusiasmo di un uomo affamato che si avventa sul cibo. È sempre impegnato, essendo "schiavo" del suo Scopo, ma libero nei suoi passi.

Il venditore valoroso non accetta discorsi del tipo: «Perché dovrei lavorare più di quello per cui sono pagato». Sa bene che coloro i quali ragionano così falliscono, in quanto si riducono a fare soltanto il minimo indispensabile per tirare avanti, ottenendo in cambio appena i mezzi necessari per tirare avanti. Essi non possono e non devono aspettarsi di ricevere più di quello che danno.

Il venditore valoroso sa che dare qualcosa in più non è soltanto un atto di generosità, ma è anche e soprattutto un'azione da compiere nel suo interesse, perché il maggior servizio reso gli garantirà un ritorno migliore. Inoltre, attraverso tale abitudine benefica, egli è in grado di attirare l'attenzione favorevole di coloro che possono offrirgli delle opportunità di successo. Ed è così che riesce ad avanzare verso la vittoria. D'altronde nessuno avrà da ridire se manterrà più di quanto promesso, soprattutto se avrà anche

Copyright © 2016 Arricchisciti.com - Tutti i diritti riservati

un atteggiamento mentale amichevole e disponibile, capace di ispirare fiducia. Diventerà indispensabile per i suoi clienti e sarà ben ricompensato.

Il venditore valoroso conosce le leggi della natura e le volge a suo favore, traendone profitto. Quando si pianta un seme, la natura restituisce una pianta ricca di frutti. La natura non fa nulla di inutile. È una legge tanto semplice, quanto potente, senza la quale la vita stessa non esisterebbe sulla Terra. Che senso avrebbe se, piantato un seme, la natura si limitasse a restituire quello stesso seme? La natura, invece fa regolarmente più del dovuto, perché questo serve a garantire la vita. Il venditore valoroso sa seminare, perché è convinto che con i suoi sforzi di oggi, moltiplicherà il suo valore di domani, trasformando il seme in tanti ricchi frutti. Grazie alla sua intelligenza, alle sue conoscenze e ai sacrifici del lavoro svolto, egli ottiene indietro quanto seminato più un abbondante surplus. Esattamente come il seme che, prima di diventare pianta ricca di frutti, affronta l'oscurità della terra in cui viene piantato, anche il venditore valoroso, prima di raggiungere la luce del successo, deve affrontare e sconfiggere l'oscurità delle paure, dei dubbi, delle incertezze e dei fallimenti. E proprio come il sole deve scaldare la pianta affinché cresca rigogliosa, così anche i desideri ardenti del venditore valoroso devono accendere in lui la brama della vittoria, motivandolo alla realizzazione del suo Scopo.

IL VENDITORE VALOROSO

Il venditore valoroso crede nell'impossibile ed è per questo che fa l'impossibile per ottenere l'impossibile.

Il Venditore Valoroso

L'unico modo sicuro per raggiungere il successo consiste nel fare meglio e di più di quanto ci si aspetta da te, indipendentemente dal compito che ti è stato assegnato.

OG MANDINO

IL VENDITORE VALOROSO

LA FEDE PER VINCERE E OTTENERE IL SUCCESSO

Il venditore valoroso è felice se la luce della fede sta brillando nei suoi occhi e infervorando il suo animo. Accetta totalmente e senza alcuna riserva il suo Scopo, perché crede profondamente nel motivo per cui lotta. Allora riceve i complimenti: «La tua fede è straordinaria!». E non può far altro che esserne orgoglioso. Anche se non vuole usare la fede per attirare l'ammirazione, essa si manifesta inevitabilmente attraverso l'elogio altrui.

Il venditore valoroso non ha bisogno di dimostrare niente a nessuno. Non tenta mai di apparire. Egli è, perché la fede si annida nella sua essenza, nasce nel profondo dei suoi pensieri, ossia nei meandri della sua mente, e divampa nel cuore, trasportata dal flusso del desiderio ardente.

Il venditore valoroso sa che i pensieri sono molto potenti, perché, sebbene intangibili, possono diventare cose reali. Il pensiero, infatti, è il luogo dove ogni successo ha origine, dove ogni desiderio inizia il percorso per trasformarsi in realtà. La definizione di un piano e la sua attuazione non sono altro che un'estensione del pensiero. L'azione, quindi, può essere considerata alla stregua di un pensiero a cui sono state messe le ali. Ed è per questa ragione che i pensieri sono cose. Si tratta di un principio immutabile, che alimenta la fede e sta alla base di ogni realizzazione.

Quando il venditore valoroso si concentra sul pensiero positivo che la meta desiderata sarà sicuramente raggiunta ed attua, nel frattempo, un piano ben definito, allora la fiducia in se stesso aumenta in maniera esponenziale, diventando dirompente. Questa condizione mentale è sotto il suo totale controllo e si basa proprio sulla fede, che, pertanto, non ha niente a che fare con concezioni soprannaturali o teologiche. È un potere indispensabile per padroneggiare la mente ed elevarsi, di conseguenza, al di sopra della mediocrità. È una forza irresistibile che non ammette l'impossibilità di alcunché.

Il venditore valoroso sviluppa volontariamente il sentimento della fede attraverso la reiterazione degli ordini da impartire al subconscio, la ripetizione dei pensieri positivi e l'autosuggestione, che porta al convincimento che quanto desiderato sarà effettivamente raggiunto. Il mantello della fede è magico: dopo aver avvolto un pensiero, può trasformarlo nel suo equivalente fisico e tangibile, consentendo ai sogni di prendere forma.

La fede del venditore valoroso non è mai una fede cieca, in quanto essa non si basa su mosse poco chiare o dettate dall'improvvisazione, né tanto meno è un mistero, avendo egli compreso lo straordinario potere della mente e il suo migliore utilizzo, a differenza dei falliti che, invece, non sanno come sfruttarla. L'unica fede a cui si aggrappa il venditore valoroso è la fede basata sui fatti, sulla ragionevolezza e sulla chiarezza d'intenti. Egli non cade nell'errore di chi lo rimprovera di essere incoerente: «Come fai ad avere una fede basata solo su fatti dimostrabili? La fede è nell'ignoto!». Ma si tratta di un'incoerenza soltanto apparente. Al venditore valoroso, infatti, non interessa la dimostrabilità scientifica della sua fede. Quello che gli interessa è sentirla, vera e limpida, cristallizzata in ogni suo passo verso il successo. Scruta l'universo e sente che c'è un ordine universale dietro la vita, un piano ben preciso di un'intelligenza infinitamente superiore a quella che gli uomini possono comprendere. Anche la perfetta organizzazione delle leggi naturali, il mistero della vita che si manifesta nei quotidiani miracoli, la capacità dell'uomo di pensare, ragionare e provare sentimenti, sono tutti elementi che cristallizzano la sua fede. Allora quando acquisisce consapevolmente tale punto di vista, decade ogni contraddizione e la fiducia in se stesso e nella propria fede è salva.

Il venditore valoroso sa che la mente è l'unica cosa sulla quale si può avere il completo controllo. È così potente che è stata saggiamente dotata di una coscienza, affinché il suo potere possa essere domato e indirizzato verso la risoluzione di qualsiasi problema esistenziale. Egli è assolutamente certo di una cosa: la mente ha una straordinaria capacità di immaginazione, attraverso la quale è possibile trovare i modi e i mezzi per tradurre il proprio Scopo in realtà. A differenza della conoscenza che, per quanto vasta possa essere, sarà sempre limitata, l'immaginazione è un universo infinito, motivo per il quale risulta sicuramente più decisiva del sapere per il raggiungimento del successo. La mente inoltre stimola il desiderio, l'entusiasmo, ma soprattutto ha la capacità di animare la fede.

La personalità del venditore valoroso è forgiata dalla sua mente, che è capace di selezionare, controllare e modificare la natura dei suoi pensieri. Attraverso la mente, che è la fonte di ogni felicità, egli decide su quali pensieri dominanti focalizzarsi e dedica così tutte le energie alle attività governate dalla forza del pensiero. «Se puoi immaginarlo, allora puoi farlo». Il venditore valoroso crede nei sognatori che hanno raggiunto il successo, in quanto la mente non ha ragionevoli limiti, se non quelli autoimposti, a causa proprio della mancanza di fede. È, quindi, il ponte della fede a congiungere l'estremità dell'immaginazione con quella della realizzazione del proprio Scopo. Senza fede, mai nessun desiderio potrebbe diventare realtà.

La fede non è un diritto esclusivo del venditore valoroso, non è protetta da alcun brevetto e può essere liberamente esercitata, essendo un potere universale a disposizione di tutti, dalla persona più umile a quella più benestante. Chiunque, infatti, può appropriarsi della fede in qualsiasi momento, giacché non è mai una caratteristica innata, che alcuni possiedono dalla nascita e altri no. Egli inoltre è consapevole che la maggior parte delle persone è preda di paure e difficoltà, che non esistono nella loro vita reale e che sono soltanto immaginarie e per niente necessarie. Ma l'unica cosa di cui avere paura è la paura. Per questo è convinto che il più grande ostacolo per l'umanità sia proprio la paura. Sa, infatti, che tutti hanno paura di tutti. E che molti altri uomini hanno dovuto affrontare ostacoli simili ai suoi, perché hanno avuto le sue stesse insicurezze. Ma, a differenza degli altri, il venditore valoroso ha superato i suoi limiti, in quanto si è servito della paura come motore e non come freno. Usando la mente con intelligenza, è riuscito ad appropriarsi della fede perché si è liberato dello spettro dei suoi nemici: i pensieri negativi e le limitazioni autoimposte. Il vuoto lasciato dalla scomparsa dei suddetti nemici è stato automaticamente colmato dalla fede, ossia quel potere straordinariamente positivo capace di rimuovere tutte le paure e di far cadere, una dopo l'altra, le resistenze frapposte dalla vita.

Il venditore valoroso ritiene che molte paure siano superabili, essendo immaginarie. Si teme la povertà, pur essendo circondati dalla ricchezza e dalle opportunità per raggiungerla. Si teme la malattia, malgrado ci sia un ingegnoso sistema della natura tramite il quale il corpo viene automaticamente mantenuto efficiente. Si temono le critiche, sebbene non le si abbiano mai udite, in quanto frutto di critici immaginari. Si teme di perdere l'amore da parte dei propri cari, pur sapendo bene che lo si può preservare e consolidare con la giusta condotta nelle re-

IL VENDITORE VALOROSO

lazioni umane. Si teme la vecchiaia, anche se è utile a comprendere la vita, essendo una fonte di grande saggezza ed esperienza. Si teme la perdita di libertà, pur sapendo che essa può essere confermata, mantenendo relazioni armoniose con la società. Si teme la morte, sebbene sia inevitabile. Si teme l'insuccesso, senza rendersi conto che qualsiasi insuccesso porta con sé il seme di un successo equivalente.

Credendo, il venditore valoroso vince tutte le sue paure. E poiché crede nel suo Scopo, il suo Scopo si realizzerà.

IL VENDITORE VALOROSO

Presto o tardi coloro che vincono sono coloro che credono di poterlo fare.

RICHARD BACH

IL VENDITORE VALOROSO

COME FRONTEGGIARE LE SCONFITTE

Nell'attraversare il cammino per il raggiungimento del suo Scopo, il venditore valoroso si accorge che andrà incontro a delle inevitabili sconfitte e decide di equipaggiarsi meglio, iniziando così la ricerca della migliore "armatura". Accetta allora di ascoltare le proposte di altri venditori. «Usa lo scudo del cinismo», dice uno. «Indossa la corazza della scaltrezza», afferma un altro. «La miglior armatura è quella di pensare sempre e soltanto al proprio interesse», incalza un terzo. Il venditore valoroso, però, declina i consigli ricevuti e con la felicità nel cuore indossa l'indistruttibile mantello della fede, con cui parerà tutti i colpi e trasformerà gli insuccessi in vittorie. Il suo successo sarà proporzionale alla capacità di riprendersi dalle sconfitte e questo gli consentirà di sviluppare la forza e la saggezza per fare degli insuccessi qualcosa di episodico e del successo qualcosa di permanente.

Non sempre la fede infervora e anima il venditore valoroso. Ci sono momenti di sconforto in cui i fallimenti non gli fanno credere assolutamente più a nulla. In quei momenti il dubbio lo assale e domanda al cuore: «Vale la pena di continuare a fare dei sacrifici e lottare?». Ma il cuore tace e così deve decidere da solo. Allora cerca degli esempi e si ricorda che tutti gli uomini di successo, sebbene anche loro in

IL VENDITORE VALOROSO

talune circostanze siano stati schiacciati dal fardello della sconfitta, non si sono comunque mai fermati e hanno saputo fronteggiare la situazione sfavorevole con eroismo. Pur continuando a non avere fede, il venditore valoroso decide lo stesso di persistere, perché, per quanto il suo Scopo sia difficile da raggiungere, esiste sempre una maniera di superare gli ostacoli. E infine la fede ritorna. Egli può sempre contare sull'indistruttibile mantello della fede, che lo avvolge anche quando la luce nel suo sguardo sembra spegnersi.

Nel momento in cui la fede torna a manifestarsi nell'animo del venditore valoroso, le sue convinzioni si consolidano, sospinte dalla forza dirompente della motivazione rinnovata. Tenterà e ritenterà sempre, a maggior ragione dinanzi alle difficoltà, consapevole che ogni problema è in realtà un'opportunità nascosta. Che ogni insuccesso aumenterà le probabilità di successo al prossimo tentativo. Che per ogni sconfitta avrà una conquista a suo favore. Che ogni no che si sentirà dire lo porterà più vicino al suono del sì. Che ogni lacrima versata lo preparerà al sorriso a venire. Che ogni sfortuna di oggi porterà con sé il seme della buona sorte di domani. Che la povertà sofferta gli farà apprezzare la futura ricchezza. Che c'è bisogno dell'oscurità della notte per amare la luce del sole. Che deve provare prima rabbia per imparare poi il valore della pace. Che deve conoscere il silenzio per apprendere la responsabilità delle parole. Che deve fallire spesso per avere successo una volta sol-

IL VENDITORE VALOROSO

tanto. Tutti coloro che credono lo sanno. Tutti coloro che credono guardano oltre le apparenze.

Il venditore valoroso ha sempre un atteggiamento mentale positivo, anche quando va incontro a un fallimento, dal momento che nella vita le sconfitte sono inevitabili. Considera gli insuccessi come degli eventi meramente occasionali ed episodici, delle palestre per la sua forza di volontà e delle preziose occasioni per testare la sua tempra. Egli vede nelle sconfitte un segnale chiaro e stimolante della necessità di cambiare il proprio piano, perché può sempre capitare che durante il cammino verso il successo si sbagli direzione. Non mancano, infatti, i momenti di sconforto dovuti a deviazioni di percorso. Spesso si ritrova davanti a situazioni che ha già dovuto affrontare e ha l'impressione di non progredire, dal momento che le sconfitte si sono ripetute. Si lamenta con il cuore: «Questo l'ho già vissuto». «È vero, ma non l'hai mai superato», gli risponde il cuore. Allora comprende che il ripetersi delle sconfitte ha un'unica finalità: insegnargli una nuova strada per il successo.

Avendo una grande fiducia in se stesso, il venditore valoroso non lascia mai che una sconfitta gli impedisca di riprendere il cammino. D'altronde sa bene che se perdesse la fiducia in se stesso, avrebbe l'universo contro. L'ottimismo torna subito a prendere il sopravvento sul temporaneo sconforto. In quei momenti pensa: «Non esistono problemi insormontabili!». Allora, pur accettando di cambiare il piano, egli non cambia mai lo Scopo. Il potere della sua forza di volontà rimane inalterato in qualsiasi circostanza, qualunque sia la difficoltà incontrata, dal momento che non intende permettere a niente e a nessuno di sopprimergli il desiderio ardente di vincere. Quando inizia il percorso verso il successo, va fino in fondo e non si lascia spaventare dalle difficoltà, perché è consapevole che senza il suo Scopo non è nulla.

Il venditore valoroso sa che il miglior modo per prevenire l'insuccesso consiste in una tecnica tanto semplice quanto efficace: abituare la mente a mettere preventivamente in conto delle sconfitte, perché sia il successo che l'insuccesso sono innanzitutto degli stati psicologici, che derivano dall'abitudine. Utilizzando tale tecnica, egli sviluppa un'abitudine positiva che gli consente di prendere pienamente possesso della sua mente, affinché possa essere usata per trasformare un insuccesso in un'opportunità. L'autodisciplina gli consente di trasformare le emozioni spiacevoli in un potere trainante, di addestrare la forza di volontà e di attivare il subconscio in maniera positiva.

Il venditore valoroso è molto attento alle abitudini. Sa che il successo è innanzitutto uno stato mentale, un'abitudine, ma anche la sconfitta lo è. Si può accettare il successo, decidendo di sviluppare un piano per acquisirlo, ma si può anche accettare l'insuccesso, in caso di mancanza di uno scopo ben definito. Il subconscio agisce in base al proprio atteggiamento mentale dominante ed è per questo che egli cerca di consolidare le abitudini positive, attraverso il suo Scopo, i piani per conseguirlo e il subconscio. La mente, quindi, se ben usata, rappresenta il punto di partenza per il successo e consente di trovare la soluzione ai problemi che si presentano. Imparando, infatti, a usare la mente, egli è diventato libero di raggiungere il successo, a differenza dei falliti, che sono rinchiusi in un carcere immaginario, prigionieri dietro le sbarre dei limiti autoimposti e completamente rassegnati all'accettazione della sconfitta.

Il venditore valoroso riesce a vedere in ogni sconfitta il lato positivo. È un inguaribile ottimista e così abitua il subconscio a convertire tutte le esperienze negative nella spinta stimolante a realizzare imprese ancora più ambiziose. Ogni volta che si riprende dalla sconfitta, trae notevoli vantaggi mentali e spirituali, diventando più forte e scoprendo la sua vera essenza. Ha sofferto, ma ha sicuramente imparato a non ripetere più gli stessi errori.

Quando perde, il venditore valoroso desidera ancora più ardentemente il successo ed è per questo che lo raggiungerà certamente.

IL VENDITORE VALOROSO

L'arte di vincere la si impara nelle sconfitte.

SIMÓN BOLÍVAR

Il venditore valoroso

Come conquistare la fiducia altrui

Il venditore valoroso presta molta attenzione allo sguardo dei bambini, perché i loro occhi sanno vedere il mondo senza amarezza. Quando desidera sapere se gli altri si fidano di lui, cerca di vedere la maniera con cui lo guarda un bambino. Egli ha bisogno di essere apprezzato e sente sempre la necessità di risultare affidabile agli occhi degli altri. Quando si accorge che qualcuno diffida di lui, in quel momento il dubbio lo assale: «Forse non mi sto comportando come dovrei?». Allora ricorda che l'arte della vendita si basa sulla capacità di sviluppare una personalità attraente, che possa infondere fiducia.

Il venditore valoroso ha una dignità da mantenere ed è per questo che apprezza il valore dell'onestà. Sa bene che chi non mantiene ciò che promette perde il rispetto di se stesso e degli altri. Ha visto, infatti, molti venditori vergognarsi delle proprie azioni. La loro vita è consistita in un'umiliante fuga e certamente hanno sprecato molta più energia nel fuggire, di quella che avrebbero sprecato nel mantenere la parola data. Ha visto spesso venditori comportarsi in maniera sbagliata, raggirando ingenui clienti, che poi per rabbia e vigliaccheria, hanno riversato il proprio risentimento su altri ancora più deboli, che a loro volta hanno fatto altrettanto, scatenando una vera e propria catena dell'infelicità. Nessuno può conoscere

IL VENDITORE VALOROSO

le conseguenze delle proprie azioni ed è per questo che il venditore valoroso è sempre onesto e accetta soltanto clienti che siano degni di lui.

Il venditore valoroso riesce a conquistare la fiducia altrui perché sa meritarsela, attraverso una condotta onesta, leale e affidabile, offrendo al prossimo il medesimo servizio che offrirebbe a se stesso. Non mente mai e non "camuffa" le sue proposte, evitando così di correre rischi inutili e dannosi, che potrebbero comprometterli il successo. Sa bene che il miglior venditore è colui che dice la pura verità, perché, indipendentemente dall'esito della vendita, riesce sempre a destare un'ottima impressione. D'altronde sono poche le persone che si farebbero trarre in inganno da belle parole che, però, non corrispondono ai fatti. A lungo andare, se non fosse onesto, oltre che ingannare gli altri, finirebbe per ingannare anche se stesso. Il venditore valoroso raggiunge il successo, quindi, non tanto perché è il miglior oratore, piuttosto perché è il più sincero. La sincerità, infatti, è la qualità principale che gli consente di conquistare la fiducia altrui.

Il venditore valoroso sa che il successo arride soprattutto a chi conosce il proprio mestiere. Dimostrandosi preparato, riesce a ispirare maggiore fiducia e a conquistare il consenso. Egli, infatti, non dimentica mai di cogliere qualunque occasione di apprendimento gli capiti, poiché a vent'anni, come a ottanta, chi continua ad imparare è giovane, mentre chi cessa di imparare è vecchio. Allora decide sempre di

IL VENDITORE VALOROSO

migliorarsi, approfondendo la conoscenza di se stesso, dell'umanità e di ciò che vende, così da moltiplicare i suoi successi.

Il venditore valoroso sa che non è suo compito giudicare il prossimo. Non perde tempo e non spreca energie criticando il comportamento altrui. Non va mai alla ricerca di pretesti per far pettegolezzi. Per credere nel proprio successo, non ha bisogno di dimostrare che gli altri sbagliano. Ricorda ciò che ha detto Benjamin Franklin: «Non dir mai male di nessuno e lodare ciascuno il meglio che si può». Allora si comporta con lealtà e loda i concorrenti che se lo meritano. Loda finanche i nemici, ed essi si trasformano in suoi amici. Così facendo, constata che la sua personalità diventa più rispettabile.

Il venditore valoroso non cade mai nella trappola dell'invidia, che è uno dei grandi parassiti dell'animo umano, portatore del male. Non può evitare che gli altri lo invidino, ma può certamente fronteggiare l'invidia, evitando di invidiare. Sa che l'invidia gli divorerebbe tutte le energie necessarie a raggiungere le mete sperate e lo ridurrebbe a mero spettatore del successo altrui. Allora cerca di raggiungere l'eccellenza, concentrandosi sulle sue capacità e autoproclamandosi come il più grande miracolo della natura. Comincia a valorizzare le sue qualità e i suoi pregi, consapevole della sua unicità. Si sente un'opera d'arte, inimitabile, che nessuno potrà copiare, perché le pennellate del suo successo sono irripetibili e geniali. Smette di imitare gli altri, met-

IL VENDITORE VALOROSO

tendo in mostra le sue abilità distintive. Dimostra al mondo intero le sue diversità, nascondendo le sue somiglianze. Orgoglioso delle sue differenze, acquisisce la consapevolezza che non è su questa Terra per puro caso. È quaggiù per uno scopo, il suo Scopo, unico e prezioso. Sebbene appartenga alla schiera dei venditori, ciò che soddisfa gli altri venditori a lui non basta.

Nel venditore valoroso brucia una fiamma che è passata attraverso infinite generazioni, esattamente come suggeriscono le profonde parole di Robert Rudolf Schmidt: «Quando uno si china a scrutare con ardore nelle latebre delle idee e della fede primordiale, sente la voce del sangue, perché lo spirito dei tempi preistorici vive in noi tutti. In questi passi obbligati del pensiero affonda le sue radici la vita del nostro inconscio. Ogni generazione passa alla seguente questa fiaccola primordiale con fatale vicenda». Il fuoco di questa fiaccola stimola in continuazione il suo spirito a diventare migliore di quello che è. E lo sarà certamente, alimentando il fuoco dell'insoddisfazione e proclamando al mondo la sua unicità.

Il venditore valoroso si avvale della qualità del suo operato, sempre onesto e cristallino, al fine di incrementare la fiducia altrui nei suoi riguardi. Non teme mai che gli altri gli possano contestare qualcosa, perché è sicuro di essersi sempre comportato bene. Attraverso tale modus operandi, si assicura testimonianze positive e amici entusiasti, che non possono far altro che parlare bene di lui, garantendogli un enorme ritorno in termini di credibilità. Il venditore valoroso non si elogia da solo; lascia che siano gli altri a lodarlo.

Il venditore valoroso non esita a raccontare apertamente i propri successi e la strategia adottata. Qualcuno che gli sta vicino gli fa notare: «Perché svelare i tuoi piani? Non vedi che così rischi di dover dividere le conquiste con altri?». Allora si limita a sorridere e non risponde. Sa che una volta raggiunto il suo Scopo, se giungerà in un paradiso vuoto, la sua lotta non avrà avuto alcun senso. Egli ha bisogno di sentirsi apprezzato e circondato dal favore altrui e sa che soltanto aprendosi potrà sconfiggere la meschinità del sotterfugio. Come tutte le persone disponibili e limpide, quindi, ha sempre il coraggio di confrontarsi e di interagire direttamente con il prossimo, ma non commette mai l'errore di parlare dei suoi sogni prima ancora di averli realizzati.

Il venditore valoroso è sempre degno di fiducia ed è per questo che riesce a conquistare la stima di tutti.

Il venditore valoroso

In ogni cosa, la fiducia che si sa ispirare costituisce la metà del successo. La fiducia che si avverte è l'altra metà.

Victor Hugo

IL VENDITORE VALOROSO

LE CARATTERISTICHE DI UNA PERSONALITÀ VINCENTE

Il venditore valoroso cerca sempre di migliorare la sua personalità, attraverso lo sviluppo di una serie di caratteristiche necessarie a renderla più affabile e gradevole, perché sa che una personalità attraente è il suono dell'anima dal quale tutti sono richiamati. Conosce il potere della CORTESIA e non esita a impiegare il suo tempo per esprimerla nel contatto quotidiano con gli altri. Attraverso un comportamento cortese, che diventa una vera e propria abitudine a rispettare e ad aiutare il prossimo senza egoismi, egli può accedere a numerose opportunità, che altrimenti gli sarebbero precluse.

La base sulla quale il venditore valoroso costruisce la sua personalità è l'atteggiamento mentale. Sa che con un atteggiamento mentale negativo si farebbe dei nemici e perderebbe dei clienti. Sarebbe sconfitto ancor prima di iniziare a combattere, indipendentemente da qualsiasi altro fattore. Per inverso, attraverso un ATTEGGIAMENTO MENTALE POSITIVO nei confronti di se stesso e degli altri, riesce ad attirare il successo, modificando i suoi pensieri e la loro manifestazione e influenzando tutte le persone che ha intorno. E non si tratta di una caratteristica innata, in quanto egli è riuscito a svilupparla abituandosi ad esprimerla e impegnandosi a mantenerla attraverso uno sforzo quotidiano.

IL VENDITORE VALOROSO

Il venditore valoroso è AMOREVOLE, perché senza amore non sarebbe nulla. Sa che uno dei più grandi segreti per avere successo in qualsiasi attività umana è affrontare la vita con l'amore nel cuore. La forza bruta può distruggere qualunque ostacolo, ma soltanto il potere invisibile dell'amore può aprire i cuori delle persone. Accumulare amore significa fortuna; mentre accumulare odio significa calamità. Allora egli affila la spada dell'amore e sconfigge il male, abbattendo il muro dell'odio e dell'ira. Non ha tempo per odiare, ha soltanto tempo per amare. Le persone potranno diffidare delle sue parole, guardarlo con sospetto e non fidarsi delle sue proposte, ma il calore del suo amore scioglierà i cuori di ghiaccio di molti uomini. Per il venditore valoroso affrontare il percorso per la realizzazione del suo Scopo con amore significa sentire ogni cosa con amore. Significa amare il sole, perché lo scalda; ma anche la pioggia, che gli purifica lo spirito. Significa amare la luce, perché gli illumina il percorso; ma anche il buio, perché gli permette di vedere le stelle. Significa dare il benvenuto alle vittorie, perché se l'è meritate; ma anche accettare gli ostacoli, perché sono le sue sfide. Affrontare la vita con amore significa trattare le persone con amore. Il venditore valoroso, infatti, incoraggia gli amici, cercando sempre di trovare una ragione per approvarli. È capace di gioire per i loro successi come fossero i suoi. Ed è per questo che gli amici diventano suoi fratelli. Attraverso l'amore, egli costruisce ponti capaci di farlo arrivare nell'anima

IL VENDITORE VALOROSO

degli altri. Così riesce ad affrontare ogni persona. Chi potrà dirgli di no, sentendo nel cuore il suo amore? Il potere dell'amore unisce e lo aiuta ad avanzare verso il successo. Durante il percorso per raggiungere il suo Scopo, il venditore valoroso è disposto ad amare chiunque, purché abbia qualità degne di ammirazione e, soprattutto, sia all'altezza del suo amore. Purtroppo in passato gli è capitato di soffrire per persone che non meritavano il suo amore. Ma i vincenti non ripetono lo stesso errore ed è per questo che rischia il suo cuore soltanto se ne vale davvero la pena. Ama gli ambiziosi, perché lo ispirano; ama i falliti, perché possono aiutarlo a comprendere gli errori da evitare. Ama i sovrani, perché non sono altro che uomini; ama i sudditi, perché sono divini. Ama i ricchi, perché sono soli; ama i poveri, perché sono una moltitudine. Ama i giovani per i loro sogni; ama i vecchi per la loro saggezza. E, soprattutto, il venditore valoroso ama se stesso. Egli, infatti, fa di tutto per migliorarsi. Cura il suo corpo e la sua mente, non permettendo al corpo di lasciarsi andare troppo ai piaceri più effimeri e alla mente di lasciarsi tentare troppo dal peccato. Conosce le insidie delle cattive abitudini e non ne vuole diventare schiavo. Si ama troppo per abbandonarsi all'autodistruzione.

Il venditore valoroso è FLESSIBILE, essendo capace di adattarsi a tutte le circostanze e ai cambiamenti repentini, senza perdere il proprio equilibrio interiore. Riesce ad entrare rapidamente in armonia

IL VENDITORE VALOROSO

con l'ambiente che lo circonda, grazie a una grande adattabilità individuale, che gli consente di fronteggiare al meglio i continui e inevitabili mutamenti delle condizioni di vita e delle relazioni umane. Il venditore valoroso si comporta come l'acqua, fluendo tra gli ostacoli che incontra durante il suo cammino verso il successo. Sa che non può sempre resistere a tutte le situazioni, perché ci sono momenti in cui non adattarsi significherebbe venire distrutto. Allora, senza lamentarsi, lascia che gli ostacoli incontrati traccino la sua rotta. In questo consiste la forza dell'acqua: non può essere demolita da un martello o ferita da un fendente. La più potente arma non può scalfirla né tanto meno lasciare alcuna cicatrice sul suo mantello. L'acqua di un fiume si adatta al cammino, senza perdere di vista il suo obiettivo: il mare. Fragile alla sorgente, man mano che avanza verso il suo obiettivo, diventa sempre più forte, acquisendo forza anche dagli altri fiumi che incontra. A partire da un certo momento, il suo potere è totale e irrefrenabile. E la realizzazione dello scopo diventa inevitabile.

Quando il venditore valoroso desidera raggiungere il suo Scopo, è sincero. La SINCERITÀ DELLO SCOPO è un tratto inimitabile e profondo del suo carattere, che gli consente di essere una persona vera e di non alterare mai la realtà dei fatti. Il camuffare la natura degli obiettivi è un qualcosa che non gli appartiene ed è per questo che riesce sempre a far trasparire la sua forza in tutte le parole che pronuncia, nell'espressione del viso, nell'andamento della conversazione, nel servizio che rende con il suo lavoro e in tanti altri modi, che sono meno visibili e che hanno a che fare con le sensazioni. Il venditore valoroso non dice mai: «Sì signore!». È troppo sincero per essere così insincero. E mai nessun atto di sincerità, se animato da uno spirito costruttivo e positivo, può essere considerato alla stregua di un'insubordinazione.

Il venditore valoroso sa che le opportunità, per quanto abbondanti possano essere, non aspettano mai nessuno. Soltanto con una visione capace di vedere le opportunità dove gli altri vedono impossibilità, e con la giusta PRONTEZZA DI DECISIONE, egli riesce a cogliere le occasioni favorevoli e ad andare avanti, a differenza dei falliti, che sovente tentennano, in attesa di decidere. In un mondo che cambia in fretta, soltanto decidendo in fretta si riesce a vincere. Il venditore valoroso fa della capacità di decidere rapidamente un'abitudine, fortemente correlata alla definizione del suo Scopo. E non segue formule, ricette o risoluzioni altrui. Tratta ogni situazione come se fosse unica e cerca di agire sempre nel momento giusto.

Il venditore valoroso è AFFIDABILE, perché è sempre capace di fare tutto ciò che dice. Quando parla, lascia un attestato di ciò che pensa, e allora si sforza di vivere seguendo le idee che ha difeso pubblicamente, in quanto ne vale la sua credibilità. Nel dubbio tace ed evita di esporsi. Proprio perché pensa

IL VENDITORE VALOROSO

di essere ciò che dice, finisce di trasformarsi in ciò che dice di essere.

Il venditore valoroso non permette mai che i sentimenti negativi si impadroniscano di lui. Conosce e sa valorizzare uno dei più grandi doni della vita: RIDERE al mondo. Dipinge i suoi giorni con il sorriso sulla tela della felicità. Ride al bene, e il bene si moltiplica. Ride al male, e il male scompare. Con questa abitudine, che è un vero e proprio toccasana per lo spirito e il corpo, riesce ad alleggerire il fardello delle sconfitte, rendendo più piacevole e agevole il cammino verso il successo. Sa di non essere nulla rispetto all'immensità del mondo e all'imperscrutabile mistero della vita e, quindi, affronta le sue giornate con un sorriso, affinché siano più liete e ogni fonte di tristezza diventi un'inezia. Se un giorno è oppresso dalla sconfitta, ride perché anche questa passerà. Se un giorno è esaltato dal successo, ride perché anche questo finirà. Ride al mondo con la felicità nel cuore, affinché ogni giorno sia un trionfo. E tutto questo gli ritorna utile, perché sa che con il broncio non venderebbe alcunché e che le lacrime non hanno alcun valore sulla piazza del mercato. Per ogni sorriso, invece, egli può avere oro in cambio e godere così dei frutti derivanti dai suoi sacrifici. Il venditore valoroso non si prende mai troppo sul serio. Ride anche di se stesso, perché sa che l'uomo è davvero ridicolo quando diventa troppo freddo, austero e distante. Ha uno spiccato senso dell'umorismo e questo lo aiuta a diventare flessibile e ad adattarsi alle mutevoli circostanze della vita. Il venditore valoroso ride al mondo, ed è per questo che sarà felice nel cuore e avrà certamente successo.

Il venditore valoroso è TOLLERANTE e non giudica mai il prossimo sulla base dei concetti di "giusto" e "sbagliato"; bensì sulla base del comportamento più adatto ad ogni determinata situazione. Sa che tutti nella vita devono adattarsi prima o poi al mutamento delle circostanze e, quindi, non si stupisce se le persone cambiano atteggiamento. Dà a tutti il tempo e l'occasione di dimostrare le ragioni delle proprie azioni e dei propri cambiamenti, essendo aperto mentalmente e sempre disposto a recepire nuovi punti di vista. Non è mai limitato nella ricerca della conoscenza ed è per questo che mentalmente continua sempre a crescere.

Il venditore valoroso sa che c'è sempre un momento opportuno e un momento inopportuno per tutto, motivo per il quale presta molta attenzione a quello che dice o che fa. Ha sempre grande TATTO, perché ha maturato l'abitudine a essere sensibile nell'agire e nel trattare con gli altri.

Il venditore valoroso è convinto che una delle più ricche ricompense nella vita sia quella di meritarsi la fiducia altrui, agendo in ogni circostanza con grande onestà intellettuale e un profondo SENSO DI GIUSTIZIA. Diffida sempre di chi agisce con onestà soltanto per convenienza, perché quel tipo di onestà è troppo flessibile e non esiterebbe a trasformarsi in disonestà dinanzi a una ghiotta occasione. Il senso di

IL VENDITORE VALOROSO

giustizia è talmente radicato nella sua coscienza, che gli risulterebbe impossibile assistere ad un'ingiustizia con indifferenza. Sa che tutto è un'unica cosa e che ogni singolo gesto colpisce tutti gli uomini del pianeta, attraverso la stolta catena dell'infelicità. Allora, quando si trova dinanzi alla sofferenza altrui, non esita a lottare per aiutare il prossimo. Così facendo, attira gli amici e allontana i nemici, proteggendo il prossimo dalla distruttività delle controversie. Siccome le ingiustizie accadono nella vita, anche il venditore valoroso talvolta è costretto a subirle. Quando si ritrova coinvolto in una situazione che non merita, resiste e continua a lottare, perché la fede è indistruttibile e gli sussurra che prima o poi tutto tornerà a lavorare a suo favore. Scavando nel passato, si rende conto che, oltre ad aver subito delle ingiustizie, in alcune circostanze le ha pure commesse. Nessuno è perfetto. Nessuno, infatti, può vantarsi dicendo: «Ho sempre agito nella maniera giusta». Chi afferma ciò sta mentendo e non conosce ancora se stesso. Il venditore valoroso può rimediare ai suoi sbagli, facendosi perdonare, perché ha sempre una seconda possibilità. E allora, quando ha incontrato gli uomini con cui aveva sbagliato, non ha perso la preziosa occasione di poter porre rimedio al male causato. L'ha colta sempre senza esitazione, perché nel frattempo aveva scoperto il suo Scopo e maturato un profondo senso di giustizia.

Il venditore valoroso conosce il potere delle EMOZIONI e sa che sono molto più difficili da governare rispetto alla ragione. Ha visto, infatti, molte persone fallire e cadere nel precipizio della mediocrità, trascinate dalle emozioni negative. Viceversa, ha visto persone raggiungere le vette del successo, attraverso la leggiadra spinta delle emozioni positive. Il venditore valoroso è capace di controllare le emozioni grazie all'atteggiamento mentale, dal momento che le emozioni non sono null'altro che degli stati sentimentali o psicologici e, come tali, sono assoggettate alla sua disciplina. Facendosi carico dell'uso della mente, egli riesce ad esercitare il controllo anche sulle emozioni. Se non esercitasse il controllo sulla mente, rischierebbe di esporre la sua esistenza ai sentimenti negativi. Sa che se portasse pioggia, tristezza, depressione e pessimismo ai suoi clienti, essi reagirebbero con pioggia, tristezza, depressione e pessimismo, non comprando nulla. Viceversa, esercitando il controllo sulla mente, riesce ad esporre la sua esistenza ai sentimenti positivi. Infatti, se porta sole, entusiasmo, gioia e ottimismo, i clienti reagiscono con sole, entusiasmo, gioia e ottimismo, acquistando tutto ciò che offre. Il venditore valoroso è padrone del suo destino e non può lasciarsi trasportare dall'emotività. Conosce le emozioni dell'animo umano, che sono in totale quattordici, di cui sette positive e sette negative. Le emozioni che concorrono al successo sono: l'amore, la sublimazione, la speranza, la fede, il desiderio, l'ottimismo e la lealtà. Le emozioni, invece, che causano l'insuccesso sono: la paura, la gelosia, l'odio (in cui rientra anche

IL VENDITORE VALOROSO

l'invidia), la vendicatività, l'avidità, la superstizione e l'ira. Il venditore valoroso sa suonare la melodia della sua esistenza, combinando le note delle emozioni sullo spartito della vita, esclusivamente attraverso gli accordi positivi della felicità e del successo. È capace di quest'arte perché è riuscito a liberarsi del residuo emotivo, che è prodotto nelle officine del pensiero. Si tratta dell'insieme dei dolori del passato che, con il trascorrere del tempo, sono diventati inutili; di cauti provvedimenti che poi hanno perso di significato; e di ricordi che, pur avendo segnato la sua esistenza, hanno perso la loro utilità. Cambiando vita e intraprendendo il cammino verso il successo, il venditore valoroso non riesce a provare cose che ormai non sente più. Allora separa ciò che è utile da ciò che non è più necessario, accogliendo i sentimenti positivi e abbandonando quelli inutili.

Il venditore valoroso è sempre COMPRENSIVO e mai preclusivo. Ha imparato a controllare le sue emozioni ed è per questo che diventa indulgente verso chiunque, compresi i clienti che manifestano collera e irritazione, perché sa che non conoscono il segreto per controllare la loro mente e, di conseguenza, le loro emozioni. Sopporta le frecciate e gli insulti, perché le persone possono avere degli sbalzi d'umore, ed è convinto che sarà poi una gioia avvicinarle in un'altra occasione, quando avranno il sole nel cuore e saranno disposte ad ascoltarlo. Non giudica mai un cliente dal primo incontro e non manca di fargli visita più volte, anche se inizialmente è apparso ostile. Oggi non comprerebbe nulla, ma domani sarà disposto a comprare tutto. La conoscenza di questo segreto lo aiuta a raggiungere il suo Scopo.

Il venditore valoroso coltiva sempre qualche INTERESSE per le persone, le cose e i luoghi, essendo molto versatile. Non potrebbe avere una personalità attraente, se non avesse la capacità di concentrare il suo interesse su un argomento o su una persona e di mantenerlo per tutto il tempo necessario al raggiungimento degli obiettivi prefissati. La comprensione generale del mondo in cui vive e della natura umana è, infatti, la chiave che apre lo scrigno del successo. Egli sa che è molto importante saper ascoltare. Tante volte è anche più importante che saper parlare. Ed è per questo che concede la sua attenzione agli altri, perché sa che non c'è complimento più bello di quello di ricevere l'effettivo interesse altrui, quando si parla o si fa qualcosa. E sa, viceversa, che non esiste insulto più maleducato di interrompere una persona mentre parla o di distrarsi e non ascoltare, dimostrando il proprio disinteresse. Grazie a un interesse effettivo per il prossimo, egli acquisisce nel tempo anche nuove conoscenze, captando i dettagli relativi sia alle virtù che ai difetti della gente. Attraverso tali conoscenze, riesce a migliorarsi, perché il mondo è uno specchio e rimanda a ogni uomo il riflesso dei suoi atteggiamenti. Attraverso un'approfondita conoscenza di se stesso, non ha difficoltà nel riuscire a conoscere bene anche gli altri. D'altronde il venditore valoroso ha una passione genuina per la gente e dimostra la sua gratitudine senza incertezze. Le persone, infatti, sanno riconoscere e apprezzare coloro i quali amano il prossimo, diffidando di coloro che, invece, non dimostrano la medesima sensibilità. E sanno riconoscerli non soltanto sulla base delle parole che esprimono, ma anche sulla base degli atteggiamenti mentali che inevitabilmente si ripercuotono sui comportamenti, comunicando, di volta in volta, apprezzamento o disprezzo. Chi non ama il prossimo, non verrà amato. Siccome il cuore del venditore valoroso è privo del sentimento dell'odio, egli ricorda sempre le parole di Gesù: «Amate i vostri nemici». E obbedisce, sebbene non accetti tutto. In caso di tradimento, infatti, diventa intollerante e implacabile, perché sa che non può abbassare troppo la testa, altrimenti perderebbe di vista l'orizzonte dei suoi sogni e non raggiungerebbe il suo Scopo.

Il venditore valoroso è UMILE nel cuore e non conosce l'egocentrismo, l'egoismo, l'arroganza e l'avidità. È ben consapevole che anche il più grande uomo sulla Terra non è nulla rispetto all'infinità del mistero della vita. L'umiltà nel cuore, quindi, non è altro che il risultato di una profonda consapevolezza dell'inscrutabilità del rapporto che lega l'uomo all'esistenza.

Il venditore valoroso riesce a indurre gli altri a cooperare amichevolmente con lui grazie anche alla sua SPORTIVITÀ. È in grado di ottenere un successo senza esaltarsi troppo, dal momento che evita sempre di sopravvalutare le sue vittorie. Allo stesso modo, è in grado di fronteggiare le sconfitte senza lamentarsi, evitando inutili e controproducenti catastrofismi. Diventando un'abitudine, questo atteggiamento mentale gli garantisce l'ammirazione altrui e contribuisce in maniera significativa a rendere più attraente la sua personalità.

Il venditore valoroso è INTUITIVO. Durante il cammino per la realizzazione del suo Scopo, talvolta si ritrova dinanzi a situazioni impreviste. In quei momenti non ha il tempo di pensare per individuare la migliore strategia, perché in breve si deciderà il suo destino. Allora si affida al proprio intuito, anche se può sembrare folle, perché non sempre è possibile rispettare una logica. Sa bene che l'intuizione è l'alfabeto dei vincenti e così continua a scrivere il suo successo sulla pergamena della vita.

Il venditore valoroso è ATTENTO AI DETTAGLI. Sa che i grandi problemi non sono altro che la somma di tanti piccoli errori. Allora per prevenire le grandi catastrofi, decide di prestare la massima attenzione alle piccole cose, minuto dopo minuto. Anche se ha conquistato delle vittorie, non abbassa mai la guardia nel proseguire verso il successo. Ricorda la saggezza di Lao Tzu: «Anche se hai già tirato con l'arco varie volte, continua a prestare attenzione al modo in cui sistemi la freccia, e a come tendi il filo». Pensare alle piccole cose, infatti, non significa pensare in piccolo. Significa, bensì, desiderare di eccellere, per cui nessun dettaglio deve essere mai trascurato. Il suo Scopo, per quanto grandioso, è fatto di tante piccole realizzazioni, esattamente come la luce del sole, che è il risultato di milioni di raggi.

Il venditore valoroso edifica il suo successo sulle solide basi dell'ELOQUIO. Cesellando le parole, egli è in grado di conquistare grandi vittorie. D'altronde sa che potrebbe riuscire nell'intento di accumulare enormi ricchezze anche soltanto con un discorso di vendita, se magistralmente espresso. Il venditore valoroso conosce bene i segreti dell'arte del parlare e cerca sempre di utilizzare un linguaggio brillante ed efficace, al fine di trasmettere forza, autorevolezza e convinzione su tutti gli argomenti che rientrano nella sua sfera di competenza. Siccome crede in ciò che dice, riesce a mettere del sentimento nel suo discorso. Attraverso la tecnica della drammatizzazione e dell'enfatizzazione delle parole, che vengono emotivamente caricate, proietta i suoi pensieri nella mente di chi lo ascolta. Elemento essenziale per costruire tale carica emotiva è l'entusiasmo, che può conferire una forza incredibile alle parole. Ed è difficile per chiunque resistere al suo eloquio entusiasta o comunque mantenere la mente impermeabile ai pensieri incendiati in ogni parola con il sacro fuoco dell'entusiasmo, essendo quest'ultimo estremamente contagioso. D'altra parte egli sa che la storia dell'umanità è stata più volte segnata dalla capacità di alcuni uomini di sapersi vendere con la forza dell'eloquio; ed è per questo che cerca di coltivare l'arte del discorso con massima dedizione, attraverso

IL VENDITORE VALOROSO

l'abitudine di parlare efficacemente anche nelle conversazioni ordinarie. Oltre a credere profondamente in ciò che dice, il venditore valoroso conosce bene gli argomenti che affronta. Non c'è, infatti, tecnica che possa prendere il posto della sicurezza che prova un oratore quando è padrone della sua materia. Il venditore valoroso conosce il momento in cui bisogna smettere di parlare ed è quello in cui riesce a trasmettere il pensiero che vuole comunicare. Non è mai troppo prolisso, altrimenti annoierebbe; così come non è mai troppo breve, altrimenti non direbbe ciò che ai suoi ascoltatori interessa. Sa che la gente si lascia influenzare esclusivamente dalle parole che comprende. Un discorso, per quanto aulico possa essere, non sarebbe sufficiente a garantirgli alcun consenso, se non adeguatamente compreso. E allora non esita a usare un linguaggio più semplice ed efficace, magari anche con esempi pratici, che siano comprensibili a tutti, ma mai troppo informale o colloquiale, cercando di essere sempre appropriato nella scelta delle parole. Il venditore valoroso inoltre, quando parla, controlla sempre anche il tono della voce, attraverso il quale dà un significato specifico alle parole. Con l'abitudine di controllare il tono della voce, che rappresenta il mezzo con cui si trasmette il sentimento, egli riesce a comunicare tutte le emozioni che prova. Quando interagisce con un cliente, sa che i toni bassi e profondi sono nettamente preferibili. I toni alti, infatti, risulterebbero sgarbati e offensivi per l'interlocutore, esattamente come

IL VENDITORE VALOROSO

uno strumento musicale scordato, che rompe l'armonia di una melodia.

Il venditore valoroso, oltre al linguaggio della parola, dà una grande importanza anche al linguaggio del corpo, che si manifesta attraverso la GESTUALITÀ. Sa che i gesti possono accrescere o diminuire l'efficacia di un discorso e, pertanto, tende ad armonizzarli con il contesto in cui si trova.

Il venditore valoroso presta molta attenzione all'ESPRESSIONE DEL VISO, poiché dall'espressività di una persona si possono capire molte cose sul suo carattere e sui sentimenti che intende trasmettere. Quando si trova dinanzi a un cliente, egli riesce a intuire cosa sta pensando soltanto guardandolo in faccia, in quanto il viso, attraverso l'espressività, è in grado di comunicare il pensiero e gli stati d'animo.

Il venditore valoroso ha una personalità magnetica ed è per questo che attira inevitabilmente il successo.

Il venditore valoroso

*Tu non sei quale in precedenza hai deciso di essere,
ma quale oggi scegli di essere.*

Wayne Dyer

La disciplina del successo attraverso l'iniziativa individuale organizzata

Il venditore valoroso è convinto che la disciplina sia il ponte ideale tra l'obiettivo e il risultato. Nessuna grande realizzazione, infatti, è possibile senza uno sforzo organizzato. È perfettamente consapevole di godere di un grande privilegio: la possibilità di esercitare la propria iniziativa. Sa che senza tale privilegio non potrebbe autopromuoversi per realizzare i suoi sogni. Oltre che di un diritto, per il venditore valoroso si tratta anche di una responsabilità. Egli ha un destino che deve essere compiuto: la realizzazione del suo Scopo.

Il venditore valoroso considera il diritto all'iniziativa personale come un privilegio, perché è ciò che può elevare l'uomo dalla mediocrità e dal fallimento, portandolo in vetta alla montagna del successo. Ma sa che nessun privilegio può produrre dei benefici se non è organizzato in un piano ben definito e non viene messo in azione. Se opportunamente organizzato e disciplinato, tale privilegio rappresenta il mezzo con cui si mettono in atto i propri piani, fini e scopi. Il motore che trasforma le idee e le ambizioni in risultati effettivi. Se un piano si rivelasse debole, lo si potrebbe sempre emendare. E non c'è dubbio che qualunque piano sia meglio della tergiversazione. Il segreto, infatti, per andare avanti è iniziare! Il grande male del mondo è proprio la perniciosa abitudine di attendere sempre il "momento giusto", senza mai iniziare. Quest'abitudine causa più insuccessi di tutti i piani del mondo. Per questo il venditore valoroso osteggia qualsivoglia forma di procrastinazione, essendo quest'ultima l'antitesi del diritto di esercitare la propria iniziativa e, come tale, nemica dell'umanità, assassina del tempo e distruttrice di vita.

Il venditore valoroso sa che le opinioni sono come sabbia nel deserto e che nella maggior parte dei casi sono instabili. Ognuno può avere un'opinione su qualsiasi cosa, ma si tratta quasi sempre di valutazioni inaffidabili. Ed è per questo che non gli interessa l'opinione altrui. Sa che se esitasse, aspettando di ascoltare prima l'opinione degli altri, finirebbe per non agire e fallirebbe certamente. Le opinioni, se gratuite e per niente autorevoli, a differenza di quelle che si pagano, rappresentano soltanto un potenziale freno all'iniziativa individuale. D'altronde il venditore valoroso sa che più volte la storia dell'umanità è stata caratterizzata da opinioni ingiuste e pericolose. Quando Copernico annunciò di aver inventato uno strumento con cui aveva scoperto dei mondi nascosti e mai visti prima dall'occhio umano, gli onnipresenti fornitori di opinioni gridarono all'eretico. E volevano addirittura bruciarlo vivo, dal momento che aveva osato esercitare l'iniziativa. Il venditore valoroso, pertanto, diffida sempre delle opinioni altrui e, quando desidera intraprendere un'azione per rag-

IL VENDITORE VALOROSO

giungere il suo Scopo, non bada a chi vorrebbe dissuaderlo. Talora capita che qualcuno gli dica: «Non puoi farcela». Molte persone, infatti, tendono, per invidia o perché pessimiste di natura, a ostacolare i sogni degli altri, trascinandoli negli abissi della mediocrità. Il mondo è pieno di questi profeti di sciagura, vittime deluse dai loro stessi complessi di inferiorità, che non hanno saputo esercitare la propria iniziativa. Ma egli non si cura di loro. Non si accompagna mai a quelle persone che desiderano soltanto distruggergli la fiducia in se stesso, sotto il mantello della solidarietà. Dinanzi a un suo fallimento, infatti, questi falsi amici, pur sciogliendosi in lacrime, in fondo al cuore sarebbero contenti. Allora il venditore valoroso desiste dalle opinioni altrui e dimostra il suo valore, andando dritto per la sua strada. È convinto che le conseguenze delle sue azioni saranno pungenti come spine per gli invidiosi e profumate come petali di rose per i veri amici, che saranno sempre al suo fianco con sincero affetto, sia nei momenti difficili sia in quelli favorevoli. Quando il successo lo arriderà, il mondo lo riempirà di gloria e di tesori, perché avrà saputo assumersi il rischio di dimostrare la validità delle sue idee. Il mondo ha bisogno di uomini che hanno il coraggio di prendere l'iniziativa e li ripaga volentieri, premiandoli spontaneamente.

Il venditore valoroso esercita il diritto all'iniziativa personale per scelta, quale espressione della sua volontà. È un uomo libero e nessuna catena potrebbe trattenerlo nel suo intento di scalare le vette del successo, dal momento che la sua azione risponde soltanto alle sue motivazioni e ai suoi desideri. È padrone di se stesso, leader indiscusso della sua esistenza, a differenza dei falliti, che fanno della loro vita una mera schiavitù, al servizio dei sogni altrui. Infatti, anche se nessuno è obbligato a fare alcunché contro la propria volontà, egli riesce comunque a vedere le catene invisibili che spesso attanagliano enormi schiere di "uomini-soldatino". Riesce a vedere le sbarre di una prigione che non ha mura. Una prigione per la mente, che accoglie gran parte dell'umanità, che si illude di essere libera, pur senza esserlo. E questo proprio perché molti uomini non sono in grado di usare il privilegio dell'iniziativa individuale, per inerzia, scarsa ambizione e mancanza di uno scopo.

Il venditore valoroso può esercitare l'iniziativa personale perché è disciplinato. Egli, infatti, sa organizzare naturalmente i suoi sforzi in un piano ben definito. Se temporeggiasse e vagasse senza una meta precisa, fallirebbe per forza di cose. Sa che il momento giusto per cominciare a usare l'iniziativa personale è immediatamente dopo aver preso una decisione definitiva su ciò che si desidera realizzare.

Il venditore valoroso è consapevole che le opportunità non corrono dietro a nessuno. Sono gli uomini che devono correre dietro alle opportunità. E quelle più ghiotte saranno sempre a disposizione di coloro che sanno organizzare più efficacemente i propri sforzi. Per questa ragione, è molto importante sviluppare l'iniziativa individuale secondo uno sforzo organizzato e disciplinato. Egli conosce, quindi, il segreto attraverso il quale può autopromuoversi al livello che desidera. Tale prezioso segreto consiste nell'intraprendere i seguenti passi: scelta di uno scopo ben definito, sviluppo di un piano per il raggiungimento degli obiettivi prefissati, azione continuativa per l'attuazione del piano, ricerca di alleati che possano collaborare alla realizzazione del proprio piano e iniziativa costante. Tutto ciò può essere definito come sforzo individuale organizzato, che non è altro che un'azione pianificata, grazie alla quale chiunque può eccellere. D'altronde il venditore valoroso ritiene che non esistano geni, se non uomini comuni che sanno applicare talune specifiche regole e combinarle con l'intuizione, ottenendo esattamente ciò che desiderano. Chiunque ha in sé un genio potenziale, che sovente, però, rimane inespresso. Un genio che può riguardare le più disparate attività e che può variare in base al proprio carattere e alle proprie ambizioni. Quando un uomo di successo riesce laddove molti non sono riusciti, talvolta viene chiamato genio. Ma non ha fatto altro che seguire l'impulso di un desiderio ardente e ossessivo e metterci una grande costanza nell'attuazione di un piano ben preciso, saldamente supportato dalla volontà di agire di propria iniziativa.

Il venditore valoroso sa che è molto importante anche saper organizzare le conoscenze. Crede, infatti, che un uomo istruito abbia sicuramente maggiori probabilità di successo di un uomo non istruito, a patto che sappia applicare la sua istruzione al raggiungimento dei propri obiettivi. Non commette l'errore di credere che si possa sostituire un patrimonio di conoscenze con uno sforzo individuale organizzato. È pienamente consapevole che il suo successo non dipende, quindi, da ciò che sa, bensì dall'uso che fa delle conoscenze acquisite. Esattamente come gli sforzi, anche le conoscenze, se disorganizzate, valgono molto poco. Il venditore valoroso ha, infatti, conosciuto molti uomini che erano delle vere e proprie enciclopedie viventi, ma che a stento erano in grado di guadagnarsi da vivere, dal momento che erano incapaci di usare le conoscenze acquisite. Egli è convinto che l'istruzione si acquisisca da sé, attraverso lo sviluppo e l'utilizzo della mente, perché non sono le conoscenze scolastiche che da sole fanno l'istruzione. È la propria capacità di sapersi procurare le conoscenze necessarie al raggiungimento degli scopi prefissati che rende istruita una persona. Colui che sa dove e come procurarsi le conoscenze di cui ha bisogno, quando ne ha bisogno, ha sicuramente molta più istruzione di colui che ha le conoscenze ma non sa che cosa farsene. Egli inoltre non accetta discorsi del tipo: «Se non sono riuscito a realizzarmi nella vita è perché non ho avuto la possibilità di studiare». Ritiene che questo sia soltanto un alibi con cui molti tentano di razionalizzare i loro insuccessi. Chi veramente vuole istruirsi nella vita riesce a trovare i mezzi per farlo. Chi è pigro o non ha alcuna ambizione, invece, usa tale alibi per giustificare il proprio fallimento. D'altronde egli sa bene che molti uomini di successo non hanno studiato più di tanto sui libri scolastici, ma hanno saputo istruirsi al meglio per realizzare i loro sogni, auto-promuovendosi ai massimi livelli della società. Attraverso un'azione ordinata e ben organizzata e mediante l'esperienza acquisita con il fare, hanno ottenuto il successo, dopo aver preso possesso della loro mente e averla messa a disposizione di uno scopo ben definito. Hanno, insomma, agito da persone istruite, in quanto lo sforzo individuale organizzato è sicuramente una forma di istruzione. Il venditore valoroso ritiene importante l'università, non tanto per i titoli accademici che possono essere conseguiti, che di per sé non conferiscono alcuna istruzione, bensì per la disciplina mentale che si riesce ad acquisire con la formazione universitaria. Combinando, infatti, la disciplina mentale derivante dallo studio universitario con l'esperienza del fare, l'individuo si trova nelle condizioni ideali per acquisire la migliore istruzione possibile: quella necessaria alla realizzazione del proprio scopo.

Il venditore valoroso non commette mai l'errore di confondere la libertà di intraprendere l'iniziativa individuale con la libertà di cambiare idea. Sa che se fosse libero di cambiare facilmente idea senza mantenere gli impegni assunti, non avrebbe un "equipaggiamento" ordinato e la sua condotta finirebbe per essere alquanto disorganizzata. Se fosse troppo libero di cambiare idea, non riuscirebbe a essere costante nell'attuazione dei piani per il raggiungimento del successo. Sicuramente cambierebbe anche obiettivi, vagando tra un desiderio e un altro, in balia dell'inevitabile fallimento, a differenza di ciò che accade quando, invece, si concentra su un unico e ben definito obiettivo, tracciando la rotta verso il suo Scopo. L'anima del venditore valoroso è libera, perché egli può autopromuoversi e raggiungere il livello che desidera. Ma quando è veramente coinvolto nei suoi sogni, deve necessariamente svegliarsi ad orari che non gli piacciono, parlare con persone che non lo arricchiscono di nulla, svolgere attività poco qualificanti, fare dei sacrifici. Allora gli altri commentano: «Tu non sei libero». Il venditore valoroso, invece, è libero, in quanto sa che un forno aperto non cuoce il pane. Egli, infatti, ha liberamente scelto di intraprendere il suo cammino verso il successo e sa cosa lo attende. Ha liberamente scelto il suo campo di battaglia. Così tutto ciò che sembra essere una limitazione della libertà, diviene il mezzo per la realizzazione dei suoi obiettivi. Il prezzo da pagare per l'eccellenza.

Il venditore valoroso non si lascia mai confondere da coloro che, incapaci di raggiungere risultati ambiziosi, vivono predicando la rinuncia.

IL VENDITORE VALOROSO

Quel che io debbo fare è quanto riguarda me, non ciò che la gente ne pensa. Una tale regola, tutt'altro che facile da applicare sia nella vita pratica che in quella intellettuale, potrebbe servire come esatta distinzione tra grandezza e mediocrità.

RALPH WALDO EMERSON

IL GRANDE POTERE DELLE ALLEANZE

Il venditore valoroso conosce l'importanza delle alleanze. Anche se intraprende un'iniziativa individuale, durante il cammino decide comunque di avvalersi della cooperazione, operando insieme ad altre menti in uno spirito di perfetta armonia, per il conseguimento di uno scopo ben definito, il suo Scopo. Egli sa che non è obbligato ad allearsi, che potrebbe percorrere la sua strada anche da solo, ma in tal caso difficilmente il successo lo arriderebbe. Sarebbe un venditore qualunque, ma mai un grande venditore, in quanto nessuna singola mente può essere davvero completa. Nessuna singola mente, infatti, può contenere tutta la conoscenza necessaria a grandi realizzazioni. Combinando, invece, l'istruzione, l'esperienza e la capacità di più menti, si può disporre di un grande patrimonio di conoscenze. Si può innescare una forza intangibile e benefica che mai nessuna mente singola potrebbe sperimentare. Quindi, se il venditore valoroso non si alleasse con altre menti in uno spirito di armonia, le sue realizzazioni sarebbero sicuramente modeste e mediocri. La mancata comprensione dell'importanza delle alleanze è il motivo per cui molti falliscono, essendo incapaci di valorizzare la ricchezza della mente intesa nel suo significato più ampio. Un'immensa ricchezza che deriva soprattutto dall'armoniosa cooperazione tra persone che lavorano insieme per raggiungere un determinato scopo.

Il venditore valoroso è, dunque, consapevole che definire uno scopo non basta a raggiungerlo. Per elevarsi al di sopra della mediocrità, egli deve necessariamente relazionarsi con altri uomini, in maniera tale che gli mettano a disposizione il contributo delle loro menti in un perfetto spirito di armonia. È fondamentale, insomma, che ci sia una forte unione d'intenti. Un'unione sentita e vera.

Il venditore valoroso sa, infatti, che non servirebbe a nulla un'alleanza soltanto di facciata. Non basta mettere insieme delle menti, affinché esse raggiungano un determinato obiettivo. La cooperazione apparente è completamente inutile. È l'atteggiamento mentale di ogni membro dell'alleanza che conta e che può fare la differenza. Un'alleanza vincente, infatti, è caratterizzata dal fatto che ogni componente del gruppo si trova in perfetta sintonia, nella mente e nel cuore, con l'obiettivo dell'alleanza, e in perfetta armonia con il leader, ossia colui che ha promosso l'unione, e con tutti gli altri compagni.

Il venditore valoroso conosce il segreto per indurre altri uomini a collaborare con lui in perfetta armonia. Tutti gli uomini sono spinti dalla motivazione e dall'abitudine quando fanno qualcosa. Inizialmente è la motivazione a spingere le persone all'azione e poi, grazie al rinnovarsi della motivazione stessa e all'abitudine, esse continuano a fare ciò che hanno intrapreso, fino a quando, come spesso accade, dimenticano la motivazione e vanno avanti soltanto per mera abitudine. E in questo caso falliscono. Quindi, il venditore valoroso sa che è fondamentale selezionare degli uomini che siano innanzitutto spinti da una motivazione specifica che li porti a collaborare, una motivazione forte che non si affievolisca con il trascorrere del tempo. Ovviamente un altro criterio di selezione è che siano in grado di fare ciò che si chiede loro, perché soltanto combinando motivazione e capacità si riesce a ottenere un'alleanza vincente.

Il venditore valoroso conosce le motivazioni che inducono gli individui a entrare a far parte di un'alleanza e a rimanervi con uno spirito di armonia. Esse, in particolare, attengono a delle vere e proprie emozioni, che accendono in positivo l'animo degli individui, come ad esempio l'amore, la sublimazione, il desiderio di guadagno finanziario, il desiderio di autoconservazione, il desiderio di libertà della mente e del corpo, il desiderio di autoespressione inteso come il desiderio di ricevere fama ed apprezzamento nella società. A volte anche emozioni negative spingono all'azione, come ad esempio l'ira e la paura. Tra le tante, quelle che più di tutte rappresentano un incredibile stimolo alla collaborazione armoniosa sono l'amore, la sublimazione e il guadagno finanziario. Ovviamente non è una regola assoluta, perché ci sono persone che desiderano più l'apprezzamento della società che il beneficio materiale e finanziario. In particolare, il venditore valoro-

IL VENDITORE VALOROSO

so è fortemente spinto all'azione dall'amore e dalla sublimazione. Egli, infatti, tende al successo perché sa che indugiare nell'ozio e nell'indolenza significherebbe togliere la felicità alle persone che ama, privandole delle soddisfazioni sia materiali che morali della vita. E siccome ama, agisce! Anche la sublimazione lo spinge fortemente all'azione. Attraverso l'emozione della sublimazione, i suoi impulsi istintivi e primitivi, soprattutto quelli sessuali, vengono spostati verso mete non sessuali e più elevate, che attengono all'affermazione professionale e sociale. È un'energia potentissima, che trasforma una spinta pulsionale in un'attività sublimata. Che trasforma l'aggressività primordiale in livelli superiori e socialmente apprezzati, che stanno alla base di ogni grande realizzazione economica e intellettuale.

Quando il venditore valoroso ottiene delle vittorie, grazie anche all'aiuto delle sue alleanze, qualcuno commenta: «Ma come fa a trovare sempre delle persone disposte a seguirlo? È proprio fortunato!». Ma il venditore valoroso non ha fortuna. Ha soltanto imparato a osservare con molta attenzione gli uomini e sa, quindi, coglierne alcune sfaccettature già dalle prime impressioni. Certo, non è sempre possibile giudicare esattamente un uomo a prima vista, ma esistono degli indicatori superficiali che suggeriscono le capacità altrui e, soprattutto, c'è l'atteggiamento mentale che fa la differenza. Uomini che hanno un atteggiamento mentale negativo nei confronti di loro stessi e degli altri, tendendo ad essere egoisti, egocentrici o inutilmente polemici, non si addicono di certo a un'alleanza vincente. Non solo non apportano alcun vantaggio al gruppo, ma diventano un ostacolo che influenza negativamente ciascun membro dell'alleanza, vanificandone il contributo. D'altronde quando in un gruppo si spezza il vincolo dell'armonia tra i vari componenti, qualunque sia la causa, la rovina è dietro l'angolo. Il venditore valoroso, infatti, ha visto molti venditori fallire, in quanto incapaci di cogliere l'importanza che riveste l'armonia e l'unità di intenti tra i membri di un'alleanza. Per inverso, attraverso un atteggiamento mentale positivo nei confronti degli altri, chiunque può riconoscere il valore dell'armonia e degli sforzi cooperativi, riuscendo ad emergere all'interno del gruppo e finendo in cima alle gerarchie del successo. Ed è di questi uomini che il venditore valoroso si avvale, perché sa che la combinazione tra efficienza e atteggiamento mentale positivo è un'arma vincente.

Il venditore valoroso conosce le leggi della natura e sa che anche il principio delle alleanze armoniose fa parte della natura. Non è stato, quindi, creato dall'uomo e questo è evidente in tante semplici osservazioni. L'unione delle api, che con operosità dedicano completamente la loro esistenza a uno scopo ben definito, ossia alla causa dell'alveare, è un esempio calzante di come tale principio sia parte immutabile del grande sistema delle leggi naturali. Da questo esempio, innanzitutto, emerge in maniera chiara ed inequivocabile l'importanza della definizione dello scopo, affinché il principio della cooperazione possa risultare vincente ed efficace. Un altro elemento che emerge attiene, invece, alla scelta dei membri dell'alleanza, che devono sempre essere in piena sintonia con l'obiettivo. Le api, infatti, si alleano tra loro proprio perché appartengono allo stesso genere d'insetti e per la loro stessa natura tendono al medesimo obiettivo. Considerando sempre l'esempio di sopra, un'altra caratteristica essenziale per il successo di un'alleanza è il lavoro. Senza operosità, infatti, le api non potrebbero costituire quella forma di cooperazione perfetta. Un gruppo per essere efficace deve diventare attivo, deve saper agire e mantenersi operoso. Deve lavorare su un piano definito, con una tempistica definita e uno scopo definito. Qualunque sia l'attività umana, per avere successo bisogna lavorare con continuità e in maniera organizzata. Per quanto sia fondamentale l'unione delle menti, quest'ultima da sola non basterebbe a rendere vincente un'alleanza dominata da indecisione, inazione e ritardo. Il venditore valoroso ricorda sempre il proverbio: «Il miglior modo per impedire a un mulo di scalciare è tenerlo così occupato da non lasciargli né il tempo né la voglia di scalciare». Altro elemento necessario alla costituzione di un'alleanza vincente è la motivazione. Il venditore valoroso non ha il diritto, e probabilmente neanche la capacità, di indurre gli altri a collaborare con lui, senza dare qualcosa in cambio al servizio ricevuto. D'altronde gli uomini non fanno alcunché senza una motivazione, che rappresenta, pertanto, il fondamento su cui si reggono le alleanze. La motivazione potrebbe essere qualcosa di valore uguale o superiore al servizio atteso. Egli sa che se non facesse in modo di garantire a ciascun componente del gruppo un profitto proporzionale al contributo che fornisce, andrebbe incontro a un fallimento certo. E, quindi, deve necessariamente dare alle persone una motivazione, affinché esse prestino la loro esperienza, le loro conoscenze e il loro aiuto. Anche questo risponde alle inesorabili leggi della natura. Tornando all'esempio delle api, quando esse si posano su un fiore, stabiliscono un'associazione simbiotica con la pianta ospite. Una vera e propria alleanza armoniosa, motivata da uno scambio finalizzato alla riproduzione per la pianta e al "rifornimento" per l'ape. Quest'ultima, infatti, riceve il nettare e il polline da condividere con l'alveare, mentre il fiore ottiene una piccola quantità di polline di altri fiori della stessa specie. Questo tipo di associazione permette alle piante da fiore di riprodursi e alle api di sopravvivere. Il venditore valoroso sa che la natura è piena di ottimi esempi di alleanze armoniose e vincenti ed è per questo che le imita.

Quando il venditore valoroso organizza un gruppo, spinto dalla sua iniziativa, non può limitarsi alla fase costitutiva, ma deve assumerne anche l'effettiva leadership. E in qualità di leader deve dare l'esempio a tutti i membri dell'alleanza. È sempre in prima linea e cerca di sforzarsi più di ogni altro componente

IL VENDITORE VALOROSO

dell'alleanza, rendendosi pressoché indispensabile, grazie al suo intenso lavoro. Danza insieme agli altri, ma non attribuisce a nessuno la responsabilità dei suoi passi. Egli si sente completamente al servizio di tutti i suoi alleati perché ritiene che non ci sia cosa più bella che vedere un gruppo di uomini che lavorano insieme in perfetta armonia, dove ognuno pensa esclusivamente a ciò che può fare per il bene comune. Ed è per questo che spera sempre che tutti i membri dell'alleanza ottengano il massimo beneficio personale possibile. Non c'è mai un solo momento in cui il venditore valoroso non tenti, con le sue capacità e tutte le risorse che possiede, di sviluppare appieno le potenzialità dell'intero gruppo. Con generosità si impegna per dimostrare a tutti le potenzialità di ciascuno. Alcuni collaboratori commentano: «Esistono persone ingrate». Ma egli non si lascia scoraggiare, sa che è importante confidare negli altri e non ha paura delle delusioni. E allora continua a stimolare il prossimo, perché è un modo anche di spronare se stesso. Continua ad esortare i suoi compagni a fare ciò che desiderano, ma che tante volte non fanno per mancanza di coraggio. Sa che il mondo è pieno di zone depresse. E che quelle più depresse si trovano sovente nei cuori delle persone, per le quali anche soltanto una parola buona potrebbe essere di grande aiuto, al fine di ritrovare la motivazione persa. A volte qualcuno lo biasima: «Ma chi ti credi di essere per dispensare consigli agli altri? Pensa ai tuoi difetti». Il venditore valoroso conosce i suoi difetti, ma sa che, aiutando gli altri, riceverà in cambio la loro fedeltà. Allora, consapevole che non può crescere da solo e che non può allontanarsi dagli alleati, continua a esortare chi gli sta vicino, avendo bisogno di compagni fedeli.

Il venditore valoroso conosce il seguente detto: «Il miglior modo possibile per dire al mondo quello che si vuole fare è mostrare al mondo quello che si è già fatto». Ed è per questo che la relazione che unisce tutti i componenti delle sue alleanze è sempre confidenziale. Lo scopo di un gruppo, infatti, non andrebbe mai discusso al di fuori del gruppo stesso, a meno che non si presti un servizio pubblico. D'altronde il venditore valoroso non commette mai l'errore di annunciare i suoi obiettivi e i suoi piani ancor prima di averli realizzati. Egli crede nel saggio che ha pronunciato le seguenti parole: «Ogni grande uomo ha sempre in mente delle finalità che non sono note a nessun altro tranne che a lui e al suo Dio».

Il venditore valoroso sa che nessuno nella vita potrebbe raggiungere il successo senza abituarsi a coltivare delle amicizie. Avere degli amici gli può sempre tornare utile, purché non si consideri l'amicizia un sentimento unilaterale, che inevitabilmente sfocerebbe nell'egoismo. Egli è ben consapevole che per ricevere, deve anche dare, in quanto soltanto così può aspettarsi la riconoscenza. Quando costituisce un'alleanza, poi tende sempre a consolidare l'amicizia con i vari componenti del gruppo. I suoi migliori maestri, infatti, sono proprio coloro con i

IL VENDITORE VALOROSO

quali condivide lo stesso Scopo. Quando ha bisogno di un consiglio, non sogna di persone lontane o irraggiungibili, bensì cerca chi gli sta accanto. Cerca di osservare come i suoi amici risolvono o non risolvono i loro problemi. Sa che la stella più lontana dell'universo si manifesta nelle cose che gli sono vicine e, quindi, condivide il suo mondo con chi ha vicino: i suoi amici e i suoi affetti più cari.

Quando il venditore valoroso è impegnato con la sua alleanza a raggiungere il successo, non dimentica mai il contributo dei singoli componenti del gruppo, perché il sudore di ciascuno di loro si è mescolato con il suo lungo il cammino. E non ha mai bisogno che qualcuno gli rammenti l'aiuto ricevuto dagli altri. Se ne ricorda da solo e gioisce con tutti i suoi compagni per le vittorie ottenute, spartendo la ricompensa. Sa essere grato con chi merita. Sa essere riconoscente con chi l'ha sostenuto e ha creduto in lui, condividendone lo stesso Scopo. Il venditore valoroso non antepone mai il suo interesse a quello dei suoi amici.

Il venditore valoroso tenta sempre di spronare tutti i membri del gruppo. Ed è per questo che ama parlare con gli amici delle sue conquiste. Parla con entusiasmo di come ha ottenuto le vittorie, della strategia utilizzata per uscire dai momenti di difficoltà. Quando racconta i suoi successi ama caricare le parole di passione e romanticismo, permettendosi a volte anche delle esagerazioni. Ma non commette mai l'errore di confondere l'orgoglio con la vanità.

IL VENDITORE VALOROSO

Non crede, infatti, alle proprie esagerazioni, ma le usa per caricare il gruppo.

Il venditore valoroso non dimentica mai l'importanza del rituale della celebrazione. Quando il suo gruppo ottiene un successo, celebra il trionfo insieme ai compagni. Anche se si tratta di un rito transitorio, egli sa che può infondere una grande fiducia. La vittoria è costata sacrifici, momenti difficili, notti di dubbi e giornate di attese. Ed è giusto celebrarla. Il venditore valoroso celebra oggi i successi di ieri, per avere più fiducia domani.

Il venditore valoroso è paziente con tutti i membri di un'alleanza. Sa che ognuno ha dei propri tempi di adattamento e, quindi, non si sorprende dinanzi al cambiamento altrui. Aspetta che ognuno giustifichi le proprie azioni e renda comprensibile il proprio comportamento. D'altronde il cammino verso il successo non è mai lineare e bisogna necessariamente saper affrontare degli eventi inattesi, a cui ognuno può reagire in modo diverso. A volte le difficoltà incontrate possono causare dei dibattiti all'interno del gruppo. A volte ci si accusa anche a vicenda. Ma poi si finisce per remare tutti insieme nella stessa direzione e si dimenticano le offese pronunciate. Il venditore valoroso accetta il confronto, purché l'armonia ritorni.

Un'alleanza non è quasi mai composta da un numero fisso di persone. Talvolta capita che con il trascorrere del tempo, delle vittorie, ma anche delle sconfitte, si aggreghino nuovi collaboratori. Siccome

IL VENDITORE VALOROSO

essi non hanno una storia in comune con il gruppo, inizialmente tendono a mettere in evidenza soltanto i loro pregi, e così molti credono che siano saggi come dei maestri. Ma il venditore valoroso, pur dando loro il benvenuto e accogliendoli volentieri, non commette mai l'errore di paragonarli ai suoi vecchi compagni. Si fiderà dei nuovi arrivati soltanto dopo averne scoperto i difetti. Il venditore valoroso, infatti, non si accompagna mai a qualcuno senza conoscerne prima i limiti.

Il venditore valoroso fa sempre il massimo per circondarsi di alleati fedeli, cercando di comprenderne sia i pregi che i difetti. Malgrado questo, però, a volte succede che quello che era un suo compagno, diventi un suo avversario. Inizialmente è pervaso dall'odio. Ma poi mette subito da parte questo sentimento, perché sa che l'odio acceca e non produce mai alcun beneficio, essendo soltanto causa di sventure e sconfitte. Allora, ricordando i bei momenti trascorsi insieme al compagno, si interroga sulla giustezza della sua leadership, sulla correttezza delle azioni compiute e sull'efficacia della strategia che il gruppo sta seguendo. Tenta, insomma, di comprendere i motivi di tale rottura. Il venditore valoroso non dà mai per scontato che tutto ciò che fa lui è buono. Ed è per questo che approfitta di ogni situazione per migliorarsi.

Il venditore valoroso sa che le alleanze non durano per sempre. A volte, per realizzare il suo Scopo, deve necessariamente affidarsi a un nuovo gruppo,

IL VENDITORE VALOROSO

che sostituisca il precedente. Allora quando succede che un'alleanza si scioglie, il venditore valoroso ringrazia i compagni e, dispiaciuto per dover lasciare degli amici, va avanti verso il compimento del suo destino, portando per sempre con sé gli splendidi ricordi di un'indimenticabile esperienza.

IL VENDITORE VALOROSO

Se vuoi convertire qualcuno alla tua causa, convincilo prima di tutto che gli sei amico. In ciò si nasconde una goccia di miele che conquisterà il suo cuore e il suo cuore è la via che conduce al suo raziocino. Giuntovi, tu non avrai affatto difficoltà a dimostrargli la bontà della tua causa, se la tua causa è giusta.

ABRAHAM LINCOLN

Il venditore valoroso

La gestione fruttuosa del tempo

Il venditore valoroso raggiunge il successo sperato perché pianifica la sua vita, gestendo al meglio il tempo a sua disposizione. Sa che nessuno può fermare l'inesorabile clessidra del tempo, ma tutti possono organizzare con cura le proprie giornate, affinché risultino meravigliosamente fruttuose e portino alla realizzazione dei propri obiettivi. Il tempo, pur essendo in continuo divenire, può essere ben gestito, innanzitutto suddividendolo in modo equilibrato in relazione a tre grandi bisogni: la salute, il lavoro e lo svago.

Il venditore valoroso ritiene che, al fine di preservare la salute, sia necessario dormire circa otto ore al giorno; al fine di raggiungere gli scopi professionali, sia necessario lavorare dalle otto alle dieci ore al giorno; e, per svagarsi, siano sufficienti dalle sei alle otto ore al giorno. Ma la suddivisione non basta per raggiungere il successo. Quello che davvero conta è la qualità di ciò con cui si riempiono le proprie ore.

Il venditore valoroso non ha sempre fatto tutto quello che davvero amava. A volte gli è capitato di odiare delle cose che ha dovuto fare per forza, alle quali non si è potuto sottrarre perché obbligato dalle necessità e dalle contingenze del quotidiano. Desiderava sicuramente altro in quei momenti. Un desiderio ardente, infatti, gli bruciava dentro l'anima, ma

IL VENDITORE VALOROSO

era ingabbiato. Aveva l'impressione di vivere due vite nello stesso tempo. In una era costretto a fare tutto ciò che non voleva, a confrontarsi con uomini che non lo arricchivano di nulla, a lottare per idee in cui non credeva. Ma c'era anche un'altra vita. Quella che scopriva nei suoi sogni, nel profondo del suo animo, nelle letture malinconiche di una vita non vissuta, negli incontri con uomini che la pensavano esattamente come lui. Di uomini in grado di valorizzarlo, spiritualmente ma anche materialmente. E questo accadeva nel tempo libero. Allora ha scoperto il segreto per unire le due vite, facendole man mano avvicinare sempre di più. Ha cominciato a usare il tempo libero per prepararsi a qualcosa di meglio, perché quello era l'unico periodo delle opportunità, dal momento che il tempo lavorativo lo assorbiva completamente, sopprimendogli i sogni. Ha cominciato a coltivare delle amicizie positive, tessendo relazioni fruttuose, che lo appagassero in tutti i settori della vita, con persone che, oltre a valorizzarlo, potessero anche aiutarlo a realizzare il suo Scopo. Amici che lo hanno tirato fuori dal baratro della mediocrità, facendolo svettare sulle cime del successo. Piantando il seme delle opportunità durante il suo tempo libero, il venditore valoroso l'ha saputo far germinare e crescere, costruendo di fatto un ponte che collegasse ciò che faceva con ciò che gli sarebbe piaciuto fare. Ha usato tutto il suo tempo a disposizione per trarne dei benefici e, a poco a poco, i desideri ardenti hanno cominciato a impadronirsi della sua vita, fino a quando non ha avvertito di essere pronto per ciò che aveva sempre sognato. Allora è bastato davvero poco per unire le due vite, affinché si trasformassero in una.

Il venditore valoroso sa coltivare le amicizie, affinché lo valorizzino, dato che tende a non trascorre mai neanche un momento della sua vita con qualcuno che non possa in qualche modo essergli d'aiuto. Si tratta di un'abitudine positiva e costruttiva, che non trae assolutamente origine da una volontà egoistica, bensì si instaura in maniera del tutto naturale e spontanea nelle sue relazioni sociali, che sono basate non soltanto sul ricevere, ma anche sul dare. Il venditore valoroso, infatti, non si relaziona mai con gli altri senza dare qualcosa in cambio. Sovente rende un beneficio al prossimo almeno equivalente, se non addirittura superiore, a quello che riceve. Per ogni ricchezza che accumula, sia essa spirituale che materiale, aiuta gli altri ad accumularne altrettanta. Dà una mano agli amici nei momenti di difficoltà e non dimentica di regalare parte dei suoi averi a chi ne ha più bisogno di lui. È una persona generosa e mai egoista, sebbene si circondi soltanto di persone che ritiene positive per la sua crescita esistenziale. Sarebbe egotista, invece, qualora sprecasse il suo prezioso tempo, sottraendolo agli affetti più cari e ai collaboratori, per assecondare abitudini negative, inutili o addirittura distruttive. Egli, infatti, ritiene che gli egoisti siano quelli che vivono solo per se stessi, senza dare niente in cambio. Che disprezzano in maniera ingiustificata sia il loro tempo che quello degli altri. Che vivono cercando soltanto di godere dei vantaggi della civiltà, senza mai assumersi alcuna responsabilità e dare un contributo alla fonte di quei vantaggi. Il venditore valoroso, invece, sa fare un uso deliberato e costruttivo del suo tempo, anziché sprecarlo con persone oziose, dedite a pessime abitudini e prive di ambizione. Non permette che gli si porti via neanche un minuto che gli appartiene. Scegliendo le persone giuste con cui relazionarsi, egli non solo salvaguardia la qualità delle sue giornate, ma compie anche un atto di grandissimo altruismo, grazie al beneficio che apporta a sé e soprattutto agli altri.

Il venditore valoroso è convinto che chiunque sprechi il proprio tempo sia un peccatore. Ricorda sempre, infatti, la saggezza di Bernard Berenson: «Ammazzare il tempo, invece di impiegarlo come la vera sostanza della vita vissuta e non semplicemente trascorsa, è senz'altro il peccato dei peccati».

Il venditore valoroso trasforma il suo tempo in tutto ciò che desidera. Non si limita, infatti, a riempire la vita di attimi, bensì riempie ogni attimo di vita, realizzando i suoi sogni. Quando avrà raggiunto il suo Scopo, qualunque esso sia, il trascorrere del tempo non conterà più niente, perché non ce ne sarà più bisogno. Conterà soltanto la profondità infinita di ogni istante. Ed è per questo che il venditore valoroso è destinato all'eterna felicità.

Il venditore valoroso

Non c'è nulla di più prezioso del tempo, poiché è il prezzo dell'eternità.

Louis Bourdaloue

IL VENDITORE VALOROSO

Epilogo

Durante tutto il cammino verso il successo, il venditore valoroso, sebbene trasportato dalla corrente della vita, non dimenticò, neanche per un attimo, il mercante che in giovane età gli aveva svelato il prezioso segreto per accumulare la più grande ricchezza: la felicità. Quando, in quel magico incontro, gli chiese che cosa doveva fare per diventare un grande venditore, il mercante, infatti, disse: «Se sei qui è perché hai sentito dire che sono il più grande mercante del mondo. Hai idea del perché?».

«Credo che abbia a che fare con la straordinarietà e l'unicità di tutta questa mercanzia che ci circonda», rispose il ragazzo.

Proseguì il saggio uomo: «Sono il più grande mercante del mondo perché ho imparato ad accumulare qualcosa che gli altri trascurano sia sulla piazza del mercato che nella vita in generale. Ho imparato ad accumulare la felicità. E tutto ciò che vedi qui non è altro che l'espressione della straordinarietà del mondo. Tutta questa mercanzia non è altro che lo specchio delle bellezze della vita. La gente vuole essere felice e non esiste una fonte universale della felicità. A volte si è felici per cose davvero importanti e profonde. Altre volte, invece, basta un nonnulla. Puoi trovare la felicità nelle emozioni e nei sentimenti delle persone, negli spettacoli offerti dalla natura o nei manufatti costruiti dall'uomo con tanta maestria e arte. Dovrai badare bene a cogliere tutte le meraviglie del mondo, siano esse offerte dalla natura o dall'ingegno umano, sebbene grandi e distanti. Dovrai saper amare ed esplodere di gioia per un'emozione così potente. Dovrai saper gioire per la bellezza di un tramonto. Dovrai saper incantarti per un dipinto. Al contempo, però, non dovrai mai dimenticare di soffermarti anche sui dettagli e sulle piccole cose. Dovrai rimanere concentrato sul quotidiano che ti circonda, senza trascurare neanche un giorno della tua vita. Quando saprai fare entrambe le cose, senza che l'una vada a discapito dell'altra, allora avrai acquisito una sensibilità speciale, che ti renderà felice e ti farà comprendere l'importanza di rendere felici anche gli altri. Quindi, presta grande attenzione a questa saggia verità, perché io non potrei mai e poi mai dirti esattamente cosa fare, dal momento che non conosco i tuoi sogni più profondi e non so qual è il successo a cui precisamente ambisci. Ci sono, infatti, tante definizioni di successo e ognuno ha la sua vetta da scalare. E non tutte le vette del successo hanno la stessa altezza. Ma posso svelarti un segreto, che potrai applicare qualunque sia il tuo Scopo: sarai un venditore valoroso soltanto se, dispensando felicità, diventerai tu stesso felice. Quando smetterai, infatti, di voler riempire soltanto la tua coppa di felicità e inizierai ad eccellere nella vita, riempiendo anche quella degli altri, scoprirai, con grande meraviglia, che la tua sarà sempre piena. Ora vai e comincia ad arricchirti di felicità!».

Bibliografia

Coelho P., *Manuale del guerriero della luce*, Milano, Bompiani, 1997

Hill N., *Pensa e arricchisci te stesso*, Milano, Piero Gribaudi Editore, 2003

Hill N., *La saggezza di Andrew Carnegie*, Milano, Piero Gribaudi Editore, 2012

Mandino O., *Il più grande venditore del mondo*, Milano, Piero Gribaudi Editore, 2000

IL VENDITORE VALOROSO

BIOGRAFIA AUTORE

Il mio nome è **Francisco Pacifico**, mi sono laureato in economia aziendale a pieni voti, conseguendo una specializzazione in management per le imprese.

Per quanto concerne le mie esperienze professionali, ho cominciato presto a lavorare, già dai tempi dell'università. A vent'anni, infatti, ho intrapreso la mia prima attività imprenditoriale. Ho poi svolto numerose altre attività, sempre autonome, dalla vendita dei più svariati beni e servizi alla consulenza in marketing e comunicazione. Ho, inoltre, collaborato con diversi quotidiani, curando rubriche economiche, e con alcune case editrici, occupandomi di progetti a carattere culturale, sociologico e produttivo.

Contestualmente alle attività lavorative, che mi hanno formato come imprenditore e comunicatore, mi sono avvicinato al filone degli studi motivazionali, in particolare alla letteratura del successo personale, scoprendo un nuovo universo che mi ha aiutato notevolmente nel percorso di miglioramento sia professionale sia spirituale. Ho così iniziato una nuova vita.

Conscio di aver acquisito un enorme patrimonio di conoscenze sia pratiche che teoriche per il raggiungimento del successo, e desideroso di divulgarle e di metterle a disposizione di tutti, ritenendo l'eccellenza un diritto universale, ho deciso di fondare il blog motivazionale **Arricchisciti.com**.

Contatti

Innanzitutto mi auguro che passerai spesso a "trovarmi" sul mio blog **Arricchisciti.com**; ti aspettano numerosi spunti di riflessione e strategie pratiche per realizzarti nella vita, avere successo e arricchire te stesso in qualunque ambito: dal lavoro alla vita privata e sociale. La tua interazione e il tuo coinvolgimento sono davvero importanti per me; pertanto non esitare a commentare gli articoli. Sarà mia premura risponderti sempre.

Se vuoi un contatto diretto puoi scrivermi via **email** al seguente indirizzo di posta elettronica:
- info@arricchisciti.com

Infine, possiamo tenerci in contatto anche sui social network. Sono presente su:
- Facebook (facebook.com/Arricchisciti)
- Twitter (@Arricchisciti)
- Google+ (plus.google.com/+Arricchisciti)

Fammi sapere che ne pensi del mio lavoro. Ci tengo al tuo parere.

A presto!

Il venditore valoroso

Sommario

Prefazione 9

Prologo..11

La motivazione: il potere dell'agire adesso e il miracolo dell'entusiasmo..15

I desideri ardenti e la definizione dello scopo.........24

L'inesorabile legge naturale del principio di causa ed effetto: dare per avere..31

La fede per vincere e ottenere il successo 39

Come fronteggiare le sconfitte..................................46

Come conquistare la fiducia altrui 52

Le caratteristiche di una personalità vincente..........58

La disciplina del successo attraverso l'iniziativa individuale organizzata...75

Il grande potere delle alleanze..................................84

La gestione fruttuosa del tempo................................98

IL VENDITORE VALOROSO

Epilogo 103

Bibliografia 107

Biografia Autore 108

Contatti 109

Printed in Great Britain
by Amazon